ЛУИЗА ХЕЙ

Louise L. Hay

Мудрость женщины

Москва

2020

СОДЕРЖАНИЕ

.. 2 ❤ ❤.

✿ ВВЕДЕНИЕ

Во-первых, помните, пожалуйста, о том, что все учителя всего лишь ступени лестницы, ведущей вас к самосовершенствованию. Это касается и меня. Я лишь стараюсь придать вам веру в себя, делясь некоторыми своими идеями. Вы должны учиться у разных людей и прочесть много книг, ибо одна система не может охватить всего. Жизнь слишком необъятна и разнообразна, чтобы мы могли понять ее до конца. Жизнь постоянно изменяется и совершенствуется, переходя на новые уровни существования. Воспользуйтесь теми знаниями, которые даст вам эта книга. Впитайте их и обращайтесь к новым книгам, к новым учителям. Постоянно расширяйте и углубляйте ваше видение жизни.

Всех женщин, включая вас и меня, стыдили и винили с самого детства. Наши мысли и поступки были запрограммированы родителями и обществом: мы должны думать и действовать как женщины, со всеми вытекающими отсюда правилами, запретами, ограничениями. Некоторые женщины довольствуются такой участью, но многие стараются изменить свою жизнь.

Жизнь состоит из множества этапов, ступеней и периодов эволюции. И сейчас мы находимся на пороге удивительных изменений. Не так давно женщины были полностью зависимы от мужских прихотей и убеждений. За нас решали, что нам делать, когда и как. Еще маленькой девочкой я привыкла следовать за мужчиной, смотреть на него снизу вверх и спрашивать ежеминутно: «Я правильно поступаю?» Меня никто этому не учил, но так вела себя моя мать, и я, наблюдая за ней, помимо своей воли перенимала ее поведение. Моя мать была приучена во всем повиноваться мужчине, поэтому она воспринимала оскорбление и унижение как должное. И я с детства привыкла к подобному обращению. Это превосходный пример того, что мы постигаем мир, наблюдая за жизнью наших родителей, копируя их поведение и принимая их убеждения.

Мне понадобилось долгое время, чтобы осознать, что такое поведение ненормально, что я заслуживаю другого к себе отношения. Постепенно менялись мои внутренние убеждения — мое сознание, я стала вырабатывать в себе уверенность и самоуважение. Вместе с тем менялось и мое поведение, и мир вокруг меня. Я перестала быть привлекательной целью для властных, деспотичных мужчин. Уверенность в себе и самоуважение — самые ценные вещи из сокровищницы женской души. Если нам недостает этих качеств, нужно воспитывать их в себе. Женщина с высокой самооценкой не попадет в недостойное ее рабское, зависимое положение. Лишь те из нас, кто считает себя никудышными и никчемными, могут допустить, чтобы другие господствовали над ними.

Сегодня я хочу своей работой помочь всем женщинам полностью реализовать свои возможности, найти для себя место в этом мире, установить равенство между полами. Я хочу, чтобы вы поняли: каждая из вас способна любить, уважать себя, способна самоутвердиться и занять достойное положение в обществе. Никоим образом я не хочу задеть или умалить достоинство мужчин. Просто я считаю, что равенство между полами принесет только пользу и женщинам, и мужчинам.

Продолжая читать эту книгу и работать с ней, помните : ваши убеждения будут меняться постепенно, для этого требуется время. Как долго будет продолжаться этот процесс? Вы можете спросить: «Сколько же времени понадобится мне, чтобы понять и принять новые идеи и убеждения?» Для каждого человека по-разному. Поэтому не ограничивайте себя, пусть ваш прогресс займет столько времени, сколько требуется. Просто продолжайте работать, прилагая усилия, и Вселенная, с ее бесконечными знаниями, сама выведет вас на верную тропу. Шаг за шагом, миг за мигом, день за днем продвигайтесь в нужном направлении, и в конце концов вы достигнете своей цели.

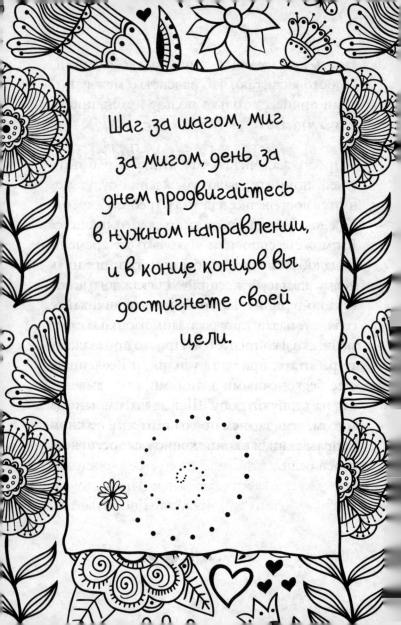

Шаг за шагом, миг за мигом, день за днем продвигайтесь в нужном направлении, и в конце концов вы достигнете своей цели.

Глава 1

С ЧЕГО НАЧАТЬ?
НАМ НУЖНО МНОГОЕ УЗНАТЬ
❀ И МНОГОМУ НАУЧИТЬСЯ

Хочу привести один пример, прекрасно иллюстрирующий, в каком положении находились женщины всего несколько десятилетий назад. Вот отрывок из школьного учебника 1950 года по ведению домашнего хозяйства:

«1. **Как приготовить ужин.** Спланируйте заранее, какое блюдо вы подадите сегодня к столу. Приготовив к приходу супруга вкусный ужин, вы дадите ему понять, что постоянно думаете и заботитесь о нем. Придя домой после рабочего дня, мужчины испытывают голод, так что хорошо накрытый стол должен стать неотъемлемой частью вашего теплого приветствия.

2. Приведите себя в порядок. За 15 минут до его прихода присядьте и отдохните, чтобы выглядеть освеженной. Подправьте макияж, вплетите в волосы яркую ленту, улыбнитесь ему. Целый день он был в окружении усталых, утомленных людей. Постарайтесь быть веселой и жизнерадостной. Пусть интересный вечер придет на смену его тяжелому трудовому дню.

3. Наведите порядок и приберитесь в квартире. До прихода вашего супруга еще раз пройдите по всей квартире. Уберите учебники, игрушки, бумаги и так далее. Потом протрите пыль. Вашему мужу будет приятно видеть, что вы содержите дом в чистоте и порядке. Это будет приятно и вам самой!

4. Приведите в порядок детей. Уделите несколько минут, чтобы умыть детей, вымыть им руки (если они еще слишком малы, чтобы справиться самостоятельно), причесать их и, если необходимо, переодеть в чистую, опрятную одежду. Дети—ваше маленькое сокровище, и мужчине будет приятно, что они встречают его вместе с вами.

5. В доме не должно быть шума. К его приходу приглушите радио, телевизор, выключите воду, сушку и другие бытовые приборы. Попросите детей вести себя потише и не шуметь. Встречайте мужа теплой улыбкой: его приход доставляет вам радость и счастье.

6. Чего нельзя делать. Не встречайте вашего супруга жалобами, огорчениями и проблемами. Не жалуйтесь, если он опоздал. Это пустяки по сравнению с тем, что ему пришлось вынести в течение дня. Пусть ему будет удобно. Усадите его в мягкое кресло, предложите, чтобы он прилег ненадолго. Приготовьте ему напиток—горячий или холодный. Взбейте и положите ему под голову подушку, снимите с него обувь. Говорите тихим, мягким, спокойным, приятным голосом. Пусть он немного отдохнет и расслабится.

7. Выслушайте его. Вам нужно столько рассказать ему, просто поговорить и посоветоваться, но сейчас не время для этого. Сначала выслушайте его.

8. Пусть вечер принадлежит ему. Никогда не жалуйтесь, если он не приглашает вас вечером в ресторан или на танцы. Постарайтесь понять, что целый день он находился под давлением, он устал, напряжен. Ему необходимо отдохнуть и расслабиться в спокойной домашней обстановке».

В вышеперечисленных правилах нет ничего плохого, ЕСЛИ ТОЛЬКО это действительно то, чего хотите вы сами. Но только подумайте, что все молодые женщины в то время были запрограммированы полностью жертвовать собой ради того, чтобы доставить удовольствие своим мужьям. Так должна была вести себя «порядочная» женщина. Очень удобно для мужчины, а для женщины? Современной женщине необходимо переосмыслить свою жизнь. Мы можем как бы заново создать себя, подвергая пересмотру, казалось бы, даже самые обычные вещи, такие, например, как готовка, уборка, стирка, хождение по магазинам, вождение машины, уход за детьми. Всю жизнь мы занимались рутиной, действуя бездумно, как автоматы. Теперь пришло время поразмыслить о нашей жизни. Неужели вы не хотите что-либо изменить, внести что-то новое в свой быт, чтобы не продолжать из года в год двигаться по замкнутому кругу?

Все это, однако, отнюдь не должно унижать мужчин. Нападки на мужчин так же недопустимы, как и притеснение женщин. Ни к чему хорошему это не приведет. Такое поведение лишь поставит нас в тупик, в то время как нам необходимо найти выход. Обвиняя самих себя, мужчин или общество во всех наших бедах и несчастьях, мы не продвинемся ни на йоту. Обвинениями ничего не изменишь, они только лишают нас сил и решимости действовать. Лучшее, что мы можем сделать,—это перестать видеть в себе жертв и направить наши совместные усилия на поиски компромисса. Если вы уважаете себя, вас будут уважать и другие.

Я понимаю, что и мужчинам приходится сталкиваться со многими трудностями и препятствиями, что они, так же как и мы, женщины, погрязли в рутине и испытывают неимоверное давление. Они несут свой не менее тяжкий крест. С самого детства мальчиков учат быть сдержанными, не плакать, не показывать своих чувств, не проявлять эмоций. По моему мнению, это самая настоящая пытка, истязание детей, насилие над их личностью. Неудивительно, что, вырастая, мужчины выплескивают всю ту злость, что в них копилась с детства. К тому же мужчины часто сожалеют о несложившихся отношениях с отцом. Если хотите увидеть, как плачет мужчина, поговорите с ним о его отце. Его слова будут преисполнены грусти и тоски. Как сильно мальчики хотят услышать от отцов, что их любят и гордятся ими, как много невысказанного остается в детстве, которое уже нельзя изменить!

Нам постоянно внушали, что «порядочная» женщина должна отречься от своих интересов во имя интересов окружающих. Должна жертвовать собой, ставить себя ниже других. Долгие годы мы поступали так, как от нас того ожидали. Мы были тем, кого из нас лепили, а не тем, кем мы являемся на *самом деле*. Мы боялись принять себя такими, какие мы есть. Многие женщины живут, затаив обиду. Это происходит из-за того, что они вынуждены служить другим, хотя вовсе не обязаны этого делать. Неудивительно, что большинство женщин находится на грани полного изнеможения. Работающим женщинам, как правило, приходится трудиться сразу на двух работах, одна из которых начинается по прибытии домой: хозяйка должна заботиться о доме и о семье. В своем самопожертвовании не забывайте, что жертвой становитесь именно вы. Неужели, чтобы немного отдохнуть, мы должны серьезно заболеть? Я лично считаю, что многие женские недуги происходят именно отсюда. Болезнь зачастую единственная причина, по которой женщина может позволить себе оторваться от дел. Только лежа в кровати, совершенно обессиленная, женщина скажет «нет» домашним заботам.

Мы должны понять (донести до нашего сознания), что женщина—не раба и не прислуга, а полноправный член общества. Существует миф о том, что душа женщины ниже души мужчины. Но ведь это же нонсенс! Все души

равны: у души нет пола, она может переселиться как в тело мужчины, так и в тело женщины. Мы должны научиться ценить наши
жизни и возможности, раскрывающиеся перед
нами, точно так же, как жизни других людей. Я знаю, например, что на заре феминизма
в женщинах было столько ярости, накопив-
шейся за годы унижений и притеснений, что
они обвиняли мужчин во всех смертных гре-
хах. Злость их была вполне понятна. Женщинам необходимо было «выпустить пар» — это
было своего рода терапией. Например, если
вы идете к психотерапевту, чтобы избавиться
от проблем, связанных с вашим детством, вам
в первую очередь необходимо выговориться,
освободить эмоции.

Со временем все приходит в норму, уравно-
вешивается, и мы уже не кидаемся из крайности в крайность. Сейчас женщины находятся
именно в таком положении. Мы освободились
от гнева, чувства вины, мы больше не считаем себя безвольными жертвами. Настало

время познать свои силы и в открытую заявить о них обществу. Пришла пора воплотить в жизнь наши мысли и построить мир равенства и справедливости, к которому мы долгое время стремились.

Когда мы, женщины, научимся заботиться о себе, уважать и ценить себя, жизнь для всех людей на Земле, включая и мужчин, я уверена, изменится к лучшему. Между полами установится взаимное уважение и любовь. Мужчины и женщины будут жить в мире и согласии. Мы должны понять, что места под солнцем хватит для всех, если только мы научимся ценить друг друга и заботиться друг о друге. Я верю, нам под силу создать мир, где мы сможем полностью отдаться любви и счастью, где каждый будет чувствовать себя нужным и полезным.

Долгое время женщины боролись за право строить свою жизнь согласно собственным устремлениям. Сейчас перед нами открыто множество путей, нам доступно множество возможностей реализовать свой потенциал. Да, пока еще не до конца исчезло неравенство. Женщинам все еще трудно, а порой даже невозможно добиться равного с мужчиной положения. Мы боремся за свои права с существующим законодательством. Законы писались мужчинами и для мужчин. Суд до сих пор говорит о том, как «поступил бы здравомыслящий мужчина», даже слушая дело об изнасиловании!

Женщинам необходимо настаивать на изменении существующих законов, чтобы они в равной мере отстаивали права обоих полов. Нам необходимо начать кампанию в защиту женских прав. Мы, женщины, обладаем

Мы должны понять, что женщина — не раба и не прислуга, а полноправный член общества.

громадной коллективной мощью и сообща сможем добиться своего. Если нам напомнят об этой силе, мы приведем ее в действие. Объединенные усилия всех женщин, направленные в одно русло, заставят уважать нас, считаться с нами. Семьдесят пять лет назад женщины проводили кампанию за право голосовать. Сегодня женщины могут выставлять свою кандидатуру на выборах.

Я предлагаю женщинам идти в политику. Политика для нас—открытая область, здесь мы можем и должны бороться за свои права. Здесь не существует ограничений корпоративного мира. Если мы хотим формировать собственные правительства, писать собственные законы, обеспечивающие поддержку всем женщинам, нам необходимо внедряться в область политики. Начать можно с малого, с самых низов. Мы можем войти в политические круги прямо сейчас—для этого не нужно готовиться всю жизнь. Политическая карьера—прекрасное положение для любой из нас.

Знаете ли вы, что в 1953 году Элеонора Рузвельт добилась утверждения Конгрессом законопроекта о том, что в каждом доме должны быть туалет и ванная? Большинство мужчин—членов Конгресса возражали против принятия этого билля. «Если в каждом доме будут удобства, мы не сможем отличить бедного от богатого!»—говорили они. Сегодня у каждого из нас есть дома ванная и туалет, и мы воспринимаем это как должное, забывая о том, что одна сильная женщина противостояла всему Конгрессу, чтобы провести этот законопроект. Объединившись, мы, женщины, свернем горы и создадим лучший мир.

Мы не должны забывать о том, что долго шли к своей цели. В колониальные времена мужчина был царем и богом. Любое неповиновение со стороны жены, ребенка и слуги наказывалось плетью. В 1950-е годы ни одна порядочная женщина не могла позволить себе насладиться сексом. Да, мы многое оставили

> **Женщина может постоять за себя, даже если рядом с ней нет мужчины.**

позади и сейчас стоим на пороге великих изменений. Многое у нас впереди, нам нужно упорно работать и учиться, стремясь к достижению своей цели. Перед нами открываются новые рубежи, новые источники свободы, из которых мы должны черпать, не боясь изменений. Женщина может постоять за себя, даже если рядом с ней нет мужчины.

Глава 2
 ЖЕНЩИНЫ И РЕКЛАМА

Мир рекламы нацелен на женщину. Рекламодатели пользуются недостатком у нас уверенности в себе, чтобы заставить покупать их продукцию. Подтекст большинства реклам таков: «Вы плохо выглядите... Чтобы выглядеть лучше, вы должны купить наш товар». Мы позволяем использовать себя, так как постоянно ощущаем собственную неполноценность. Мы закомплексованы и все время пытаемся исправить свои мнимые недостатки. Пора перестать покупаться на эти дешевые трюки, заставляющие нас испытывать унижение.

Чаще всего объектом рекламы становится женское тело. Мы не принимаем свое тело таким, какое оно есть: общество и реклама вбили нам в голову, что мы некрасивы. Неудивительно, что мы не любим свое тело и зачастую стесняемся его. Найдется ли женщина, которая не отыщет в своем теле изъяна? Сколько усилий положено, чтобы смириться с формой наших носов или бедер! Интересно, в каком именно возрасте приходит это неприятие собственного тела? Ведь маленькие дети никогда не испытывают чувства неполноценности и не рыдают по поводу неправильных черт лица!

Девочки-подростки особенно уязвимы для рекламы, бомбардирующей их со всех сторон. В них вызывают неуверенность в себе, утверждая, что, лишь купив определенный продукт, они станут привлекательны и желанны. Вот почему именно девушки как социальная группа более других страдают от недостатка самоуважения. Это чувство неполноценности культивируют и укрепляют, чтобы и дальше использовать в своих целях. Реклама сигарет зачастую направлена на девочек-подростков, так как человек с низкой самооценкой легко поддается чужому влиянию и остается зависимым на всю жизнь. Этого и добиваются рекламодатели: создать пожизненную клиентуру. Разве мы можем позволить им так поступать с нашими детьми?

Как-то я услышала от одной трехгодовалой девчушки: «Я не буду носить это платье, в нем я выгляжу толстой». Десятилетние девочки все поголовно сидят на диете. В наших школах широко распространены анорексия[1] и булимия[2]. Что мы делаем с нашими детьми? Если у вас есть дети, объясните им, каким образом рекламодатели хотят использовать их неопытность в своих целях. Обсуждайте вместе

---

[1] Анорексия — потеря аппетита, отказ от еды.
[2] Булимия — постоянное чувство голода, сопровождаемое гипераппетитом.

> *Мы должны употребить все наши силы для того, чтобы вернуть самоуважение и уверенность в себе.*

с ними рекламные ролики. Пусть они поймут, на что нацелена та или иная реклама. Учите их с самого детства жить, руководствуясь собственным, осмысленным выбором. Лучше, если они вовсе не допустят ошибок, чем станут учиться на них.

Вы не обращали внимания, что в большинстве женских журналов наравне с новейшими диетами печатают и рецепты жирных блюд на последних страницах того же номера? Каково послание на подсознательном уровне? Полнейте, садитесь на диету, полнейте, садитесь на диету... Неудивительно, что женщины бросаются из крайности в крайность: то голодают, чтобы похудеть, то объедаются сладостями. Нельзя жить, покупая все рекламируемые продукты, нельзя делать все то, что предлагает вам реклама. В следующий раз, увидев рекламу в журнале или по телевизору, отнеситесь к ней с осторожностью. Каково послание этой рекламы на подсознательном уровне? Вас хотят лишить уверенности в себе, заставить почувствовать себя второсортной? Не заманивают ли вас в свои сети, выставив в качестве приманки несуществующий идеал, мечту? Реклама не будет властна над вами, если вы задумаетесь о ее настоящей цели. Реклама подобного рода — еще одно средство для того, чтобы контролировать и использовать женщин. Мы должны употребить все наши силы для того, чтобы вернуть самоуважение и уверенность в себе.

Если бы, увидев в журнале или по телевизору унижающую женское достоинство рекламу, вместо того чтобы вздыхать: «Почему у меня нет такой красивой фигуры?» или критически оглядывать себя в зеркало, женщина села бы за

Реклама не будет властна над вами, если вы задумаетесь о ее настоящей цели.

стол и написала компании: «Как вы смеете так унижать меня? Я никогда в жизни не куплю вашу продукцию!» Если бы мы не стесняясь писали компаниям, чья реклама умаляет наше чувство собственного достоинства, и покупали продукцию компаний, поддерживающих своей рекламой женщин, реклама начала бы меняться.

Мы покупаем множество ненужных вещей лишь потому, что обладание ими ненадолго возвращает нам веру в себя. «Если бы только у меня была эта вещь,—говорим мы,—все было бы прекрасно». Но потом вновь возвращаются прежние страхи: «Я недостаточно красива, недостаточно привлекательна». Нам необходимо осознать одну простую вещь: мы, женщины, красивы и привлекательны уже будучи такими, какие мы ЕСТЬ.

Соберите своих подруг и полистайте вместе с ними пару журналов, обратив внимание на рекламу. Обсудите статьи, попытайтесь понять, какое послание на подсознательном уровне содержит реклама. Женщинам пора открыть глаза, внимательно прислушаться. Что скрывается за рекламным роликом, показанным по телевизору, о чем пишут между строк в модном журнале? Каким образом рекламодатели пытаются контролировать наши мысли и поступки?

Давайте-ка задумаемся над этим!

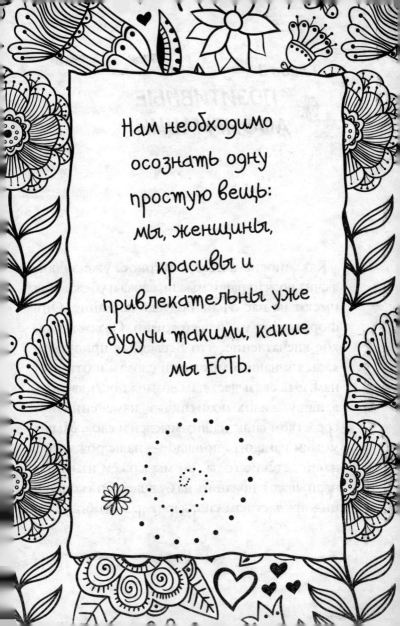

Нам необходимо осознать одну простую вещь: мы, женщины, красивы и привлекательны уже будучи такими, какие мы ЕСТЬ.

Глава 3
 ПОЗИТИВНЫЕ
АФФИРМАЦИИ

Как многие из вас, наверное, уже знают, я считаю, что наши мысли, слова и убеждения имеют на нас очень большое влияние. Они формируют ход нашей жизни. Создается такое впечатление, что Вселенная прислушивается к нашим мыслям и словам и отвечает нам. Эта связь дает нам возможность вводить в нашу жизнь позитивные изменения посредством силы наших мыслей и слов. Мы не можем изменить прошлое—наше рождение, наши детские годы, но мы можем изменить настоящее и повлиять на будущее. Эта концепция придает нам сил, дарит нам свободу. То, во что мы верим, воплощается в действительность. Я считаю, что это надлежащий подход к любой проблеме: стоит нам изменить свое мышление, и жизнь соответствующим образом отвечает на эти изменения.

Мы все, как правило, живем прошлым, руководствуясь устоявшимися убеждениями, привычными мыслями. Прошлое вторгается в наше настоящее и влияет на будущее. Изменяя свое мышление, свое видение жизни сегодня, мы имеем возможность корректировать грядущее. Начиная думать по-новому, мы можем и не сразу заметить позитивные результаты, но это не значит, что их нет. Сегодняшние мысли и слова, без сомнения, формируют наше завтра. Работая сегодня над своими мыслями и убеждениями, над своим сознанием, вы можете сами создать ваш завтрашний день.

Многие часто задают мне такой вопрос: «Как мое мышление может быть позитивным, если я постоянно подвергаюсь негативному воздействию других людей?» Если я нахожусь в окружении негативно мыслящих, я защищаюсь от их влияния, повторяя про себя: «Если вы так считаете, то это не значит, что и я должна думать так же». Иногда я даже говорю эту фразу вслух. Это простое утверждение позволяет окружающим высказывать свои, сколь угодно негативные мысли, в то время как я продолжаю придерживаться позитивных убеждений. Но все же я попросту стараюсь избегать общения с такими людьми. Спросите себя, ПОЧЕМУ вы постоянно окружены негативно мыслящими? Помните, мы не в состоянии изменить других людей и весь мир вокруг нас, но мы можем измениться сами. Почувствовав произошедшую с нами перемену, окружающие станут откликаться на нее. Самое главное — внести позитивное в наше мышление, в наше сознание. Не важно, что вы занятой человек или что вам приходится много работать. Что бы мы ни делали, мы все равно продолжаем думать, и на наши мысли можем повлиять только мы сами, и никто другой.

Я хочу, чтобы вы записали новое слово в свой словарь — *нейропептиды*. Этот термин, впервые введенный Кэндэйси Пертом в его работе, посвященной исследованию функций мозга, обозначает «химические курьеры». Стоит нам что-либо сказать или подумать о чем-то, и они начинают свое путешествие по нашему организму. Выделяющиеся под влиянием негативных эмоций — раздражения, злости — химические вещества угнетают нашу иммунную систему. Когда же наши мысли полны любви, спокойствия, мира и счастья, нейропептиды несут другие химические вещества, усиливающие сопротивляемость нашего организма. Наука подтвердила всеобщее убеждение о том, что существует связь между разумом и телом. Эта связь никогда не ослабевает. Ваши мысли накладывают отпечаток на тело, на каждую его клеточку.

Мы не можем изменить прошлое — наше рождение, детские годы, но мы можем изменить настоящее и повлиять на будущее.

Каждое мгновение мы делаем подсознательный выбор между позитивными и негативными мыслями. Эти мысли оказывают влияние на наш организм. Одна мысль, конечно, не имеет такого большого значения, однако за день в нашем сознании появляется около шестидесяти тысяч мыслей, имеющих кумулятивный, совокупный эффект. Отрицательные эмоции отравляют наши тела. Наука подтверждает, что, поддаваясь негативным мыслям, мы истощаем свою иммунную систему и можем заболеть.

Долгое время я не могла понять смысл выражения: «Мы едины; мы все созданы равными». Я не видела в этом смысла, прекрасно осознавая, что есть люди бедные и люди богатые, красивые и некрасивые, умные и глупые, здоровые и больные. Существует множество рас, религий и жизненных позиций. Между людьми так много различий. Разве правильно утверждать, что мы все созданы равными?

Сейчас я, наконец, понимаю, что это значит. Я очень признательна писателю и лектору Кэролайн Мисс, она во многом помогла мне разобраться в этом вопросе. Видите ли, наши мысли и слова влияют *одинаково* на каждого из нас. Действие нейропептидов, химических курьеров, путешествующих по нашим телам под влиянием мыслей и слов, *одинаково*, независимо от расы, религии и цвета кожи. Негативная мысль оказывает одинаково вредное воздействие и на американца, и на китайца, и на итальянца. Раздражение отравляет организм человека — будь он христианином, иудеем или мусульманином. Нейропептиды, выделяющиеся при мыслительном процессе человека, действуют одинаково в теле мужчины, женщины, ребенка, юного или пожилого, гомосексуала или гетеросексуала.

Прощение и любовь оказывают одинаковое лечебное действие на жителей разных стран. Любой из нас, кто хочет излечиться от недугов, терзающих тело, должен сначала очистить свой разум. Мы должны заучить эти уроки прощения и любви — на пути к самосовершенствованию этого не удастся избежать. Вы не хотите этого принять, сопротивляетесь, оставаясь ожесточенными? Или вы стремитесь научиться любить и прощать себя и окружающих? Вы хотите влиться в богатый и разнообразный мир? Он ждет вас. Уроки, которые преподает нам сама жизнь, одинаково важны для каждого из нас. Мы едины. Мы созданы равными. *Любовь способна исцелить нас!*

Итак, о чем вы сейчас думаете? Какие химические вещества разносят нейропептиды по вашему телу? Ваши мысли отравляют или исцеляют вас?

Мы сами порой заключаем себя в темницу самодовольства, самодостаточности, нежелания идти на компромисс, забывая о том, что, обвиняя других, мы ничего не сумеем изменить. Обвинения приносят куда больше вреда обвинителю, нежели обвиняемому. Нейропептиды, несущие такие мысли по организму, медленно отравляют каждую клетку нашего тела.

Пусть вам также станет понятно, что наше внутреннее Я, наше ЭГО, пытается держать нас в подчинении. Голос ЭГО нашептывает нам «попробовать еще кусочек, выпить еще глоток, выкурить еще одну сигарету, сделать это еще раз». Но мы—это не только наши тела, не только наши мысли, не только наше внутреннее Я. Мы владеем нашими телами, нашими мыслями, а не наоборот. Человек с сильной волей, уважающий себя и ценящий по достоинству, никогда не поддастся голосу своего ЭГО. В каждом из нас есть скрытые способности и возможности.

А сейчас я хочу, чтобы вы встали и подошли к зеркалу. Книгу возьмите с собой. Посмотрите себе в глаза и скажите вслух: «*Я люблю себя, и я начинаю с настоящего момента вносить позитивные изменения в свою жизнь. День за днем я буду улучшать свою жизнь. Я уверена в себе и заслуживаю счастья*». Повторите эту фразу три-четыре раза. В промежутках делайте глубокие вдохи. Обратите внимание на мысли, возникающие в вашем сознании в то время, как вы повторяете эту позитивную аффирмацию. Такое упражнение уже знакомо вам. Теперь вы можете признать присутствие в вашем сознании негативных мыслей, но у вас хватит сил противостоять им. Я хочу, чтобы каждый раз, проходя мимо зеркала, вы смотрели себе в глаза и говорили что-нибудь приятное, несущее положительный заряд. Если вы спешите, то просто бросьте на ходу: «Я люблю себя». Это простое упражнение изменит вашу жизнь к лучшему. Если не верите мне, попробуйте и убедитесь сами!

ОТВЕТЫ ЛЕЖАТ В НАС САМИХ

Нам необходимо постоянно помнить: наши мысли воплощаются в жизнь. Поэтому, уделяя должное внимание мыслям и словам, мы имеем возможность строить нашу жизнь согласно с собственными устремлениями. Очень часто мы тоскливо думаем про себя: «Как бы мне хотелось...» или: «Как жаль, что...», но почти никогда не используем позитивные слова и мысли, помогающие нашим желаниям воплотиться в действительность. Вместо этого мы даем реализоваться негативному. Думая о самом худшем, мы удивляемся, почему живем совсем не так, как нам того хотелось бы.

Мы должны постараться заглянуть в себя, использовать свои внутренние ресурсы и установить связь со Вселенной—основным источником нашей силы и знаний. Нам необходимо обратиться к неисчерпаемым возможностям нашего разума. Каждый из нас обладает огромными запасами мудрости, спокойствия, любви и радости. И за всем этим не нужно далеко ходить. Я действительно считаю, что в каждом из нас есть бесконечный кладезь спокойствия, радости, любви и мудрости. Когда я говорю, что за всем этим не нужно далеко ходить, я имею в виду, что установить связь с нашими внутренними ресурсами довольно просто. Достаточно закрыть глаза, сделать глубокий вдох и произнести: *«Сейчас я отправлюсь внутрь себя, туда, где обрету мудрость и знания. Ответы на мои вопросы лежат во мне самом».*

Мы можем получить ответ на любой интересующий нас вопрос. Нам только необходимо определенное время, чтобы установить связь с подсознанием. В этом и заключается ценность и важность медитации. Она успокаивает нас, и мы можем слышать голос нашей внутренней мудрости. Эта наша собственная внутренняя мудрость и есть прямой канал связи между разумом и Вселенной. Нам нет нужды далеко ходить за ответами. Дайте возможность проявиться вашей внутренней мудрости, и ответы сами придут к вам. Как мы можем этого достичь? Выделите время, сядьте, расслабьтесь, успокойтесь, уйдите в себя — к источнику мира и любви, глубокому и спокойному, как горное озеро. Медитация дарит нам радость, возможность черпать из бездонного колодца мудрости и любви, находящегося внутри нас. Эта сокровищница принадлежит нам, мы можем и должны пользоваться ее ресурсами.

Пришла пора новых решений, изменений в нашей жизни, пора познать глубину нашей неисследованной, скрытой силы. Наша сила должна работать на нас. Мы, женщины, зачастую запрограммированы принимать свои ограниченные возможности. Большинство замужних женщин чувствует себя очень одинокими, потому что лишены выбора. У них не осталось никаких шансов на успех, так как они во всем привыкли полагаться на мужчину. Мужья все решают за них, и женщины обращаются за ответами к мужчинам, а не внутрь себя. Чтобы внести позитивные изменения в свою жизнь, нам в первую очередь необходимо сформировать новое мышление. Как только мы начнем думать иначе, мир вокруг нас начнет меняться к лучшему.

Я хочу, чтобы вы обратились внутрь себя и были готовы принять новые идеи. Установите связь с вашей внутренней мудростью и используйте ее дары. Погружаясь в себя, мы творим свою жизнь, видя мир через призму доброты, любви, спокойствия и счастья. Черпайте знания из колодца вашей внутренней мудрости, контактируйте с ним каждый день.

Ваши мысли накладывают отпечаток на тело, на каждую его клеточку.

Чтобы прислушаться к голосу нашей внутренней мудрости, нам необходимо время. Каждый день выделяйте время для медитации—без этого вы не сможете поддерживать постоянную связь с бездонным колодцем знаний. Самое главное—посидеть немного в тишине, уйдя в себя. Никто лучше нас самих не знает наших желаний, устремлений, нашей жизни, чем мы сами. Прислушайтесь к себе. Голос вашей внутренней мудрости подскажет необходимые вам ответы.

Творите себя, свою жизнь! Пусть ваши мысли станут вашими лучшими друзьями. Большинство из нас зацикливается на одной мысли, забывая, что в среднем за день у нас в голове появляется около шестидесяти тысяч мыслей. Больше половины из них — те же самые мысли, что посещали нас вчера, и позавчера, и несколько дней назад. Наш разум может быть источником негативных явлений или позитивных изменений в нашей жизни. Очищайте свой разум, заполняйте его новыми, творческими мыслями, находите ко всему свежий подход.

Наше сознание можно сравнить с садом. Точно так же как, разбивая сад вокруг дома, мы подготавливаем почву, нам необходимо подготовить сознание к принятию ростков позитивных мыслей. Нам нужно выполоть сорняки, убрать камни и сор. Потом мы удобряем почву и хорошенько поливаем ее. В хорошей почве ростки быстро приживутся, потянутся вверх и вскоре подарят нам прекрасные цветы и сочные плоды. Так же мы должны культивировать и свой разум. Вырвите с корнем все негативные мысли и убеждения, посадите семена новых, свежих мыслей. Ухаживайте за ними с любовью и заботой, и семена позитивных аффирмаций дадут ростки. Твердо решив, чего вы хотите добиться в жизни, идите к своей цели, преодолевая все препятствия.

ПРЕВОЗМОГАЯ СТРАХ

Из-за воспитания, которое получает большинство женщин, у нас совершенно не развито чувство собственного достоинства и уважения к себе. Нас приучают заботиться о других и забывать о собственных нуждах. Мы боимся остаться одни. Боимся потерять чувство защищенности. Нас заставили поверить, что мы не сможем позаботиться о себе сами. Женщин учат заботиться только о других. Перед лицом развода большинство женщин приходят в панику, особенно если у них есть маленькие дети. Их мучает вопрос: «Как я смогу справиться одна, без помощи мужчины?»

Именно страх перед самостоятельностью и независимостью отталкивает нас от развода или от смены рабочего места. Многие женщины просто не верят в себя, не верят, что смогут сами позаботиться о себе.

Для многих женщин их жизненный успех становится проблемой — они боятся его. Они считают себя недостойными успеха, благополучия, счастья. Ставя себя ниже других, трудно понять, что заслуживаешь чего-то большего. Многие женщины боятся зарабатывать больше, чем мужчины, преуспевать там, где мужчины терпят поражение.

Как нам превозмочь наш страх перед одиночеством или успехом? Существует две стороны медали. Мы должны научиться больше доверять жизни. Жизнь сама поддержит нас, наставит, направит нас на правильный путь, ЕСЛИ мы позволим ей помочь нам. Если нами с детства помыкали и мы выросли с чувством вины и сознанием собственной неполноценности, то будем чувствовать себя недостойными. Если с детства мы привыкли считать жизнь трудной и полной угроз, мы не научились расслабляться, отдыхать, «плыть по течению», позволять жизни заботиться о нас. Мы читаем газеты или видим все эти преступления по телевизору и верим, что жизнь старается свести с нами счеты. Но все мы живем по законам собственного мышления: то, во что мы верим, воплощается в действительность. То, во что верят другие, не имеет к нам никого отношения—нам ни к чему жить по чужим законам. Поддаваясь отрицательному воздействию окружающих, мы позволяем негативным суждениям воплотиться в действительность, и наша жизнь переполняется неудачами.

Однако, учась любить себя, изменяя свое сознание, вырабатывая самоуважение, мы позволяем жизни помочь нам, подарить нам много прекрасного. Может быть, такой подход вам покажется упрощенным. Но самая распространенная наша ошибка—привычка все усложнять и сгущать краски. Нам необходимо расслабиться и подумать: «Жизнь заботится обо мне, она хранит меня»—и тогда жизнь сама подскажет нам верное решение. Старайтесь подмечать счастливые случайности в вашей жизни. Когда перед вашей машиной на перекрестке загорается зеленый свет, когда вы неожиданно получаете нужную вещь или информацию именно в тот момент, когда нуждаетесь в ней, скажите: «СПАСИБО!» Вселенная любит благодарных людей. Чем чаще вы благодарите жизнь, тем большим жизнь одарит вас в ответ на вашу благодарность.

Я безоговорочно верю в то, что я защищена от всех невзгод, что жизнь готовит мне только хорошее, что я хранима ею. Я уверена, что заслуживаю этого. Много лет я усердно занималась, чтобы достичь сознания своей полноценности. Я освободилась от негативных мыслей и убеждений. Я начинала свой путь ожесточенной, боязливой, несчастной и измученной женщиной. Сейчас я полна сил и уверенности в себе, я без страха наслаждаюсь богатством и разнообразием этого мира. Вы сможете достичь всего того, чего достигла я, при условии, что захотите изменить свое мышление, свое видение жизни.

Рядом с каждым из нас постоянно находятся два ангела-хранителя. Эти ангелы поддержат вас в трудную минуту и наставят на правильный путь, стоит вам попросить их о помощи. Они очень любят нас и ждут только нашего приглашения, чтобы явиться. Научитесь общаться с вашими ангелами-хранителями, и вас покинет чувство одиночества. Некоторые женщины могут видеть своих ангелов-хранителей, другие улавливают их присутствие или слышат их голоса, часто знают даже их имена. Я называю своих ангелов «ребятами». Они всегда приходят вместе, я чувствую их как «пару». Когда я сталкиваюсь с проблемой, то, чтобы найти решение, обращаюсь к своим ангелам-хранителям: «Ребята, я не знаю, что делать, помогите мне». Когда в моей жизни происходит что-то хорошее, какое-то счастливое совпадение, я тут же откликаюсь: «Спасибо, ребята, вы молодцы и здорово помогли мне. Я очень ценю вашу поддержку». Ангелы любят благодарность и признательность. Пользуйтесь их помощью, ведь именно для этого они находятся подле вас. Ангелы любят творить добро, быть полезными.

Чтобы научиться вызывать своих ангелов-хранителей, для начала просто посидите в тишине с закрытыми глазами, несколько раз глубоко вдохните и постарайтесь почувствовать их присутствие: они здесь, прямо за вашими плечами—справа и слева. Почувствуйте их заботу и любовь. Попросите их явиться вам. Позвольте им заботиться о вас. Попросите их помочь с какой-нибудь проблемой или найти

Мы должны заучить уроки прощения и любви — на пути к самосовершенствованию этого не удастся избежать.

ответ на волнующий вас вопрос. Вы можете тотчас же почувствовать установившуюся с ними связь, но, может быть, вам потребуется время, чтобы научиться вызывать своих ангелов-хранителей. Будьте уверены в одном: они рядом с вами, они любят вас. Под их постоянной защитой вам ничто не угрожает. Вам нечего бояться.

НАШИ УБЕЖДЕНИЯ

Теперь давайте подумаем, как нам избавиться от негативных убеждений или изменить их. Во-первых, мы должны признаться в существовании у себя негативных убеждений. Большинство из нас не имеет ни малейшего представления о настоящей природе собственных верований. Как только мы «отделим зерна от плевел», то есть позитивные суждения от негативных, мы сможем бороться с властью последних — избавиться от них или изменить.

Самый быстрый путь узнать побольше о своих убеждениях — это составить их список. Возьмите несколько больших листов бумаги. Сверху каждого листа напишите заголовок «Мои убеждения по поводу...»: мужчин, работы, денег, замужества, любви, здоровья, старения, смерти... Занесите в этот список все, что считаете важным для себя. Для каждого пункта вашего списка используйте отдельный листок бумаги. Затем начинайте записывать свои мысли по каждому из перечисленных предметов. Конечно, для выполнения такого упражнения требуется довольно много времени — не минута и даже не час. Можете уделять вашему списку по несколько минут в день. Записывайте любую мысль, пришедшую вам в голову, какой бы глупой, пустой и абсурдной она вам ни показалась. Просто внесите ее в свой список. Эти убеждения — ваши внутренние, подсознательные законы, согласно которым вы строите свою жизнь. Вы должны распознать негативные мысли, без этого вам не удастся добиться изменений к лучшему. Самопознание открывает дорогу к самосовершенствованию. Вы МОЖЕТЕ вести полноценную жизнь, реализовать свой потенциал. Ваши мечты станут реальностью.

Когда листок мало-помалу заполнится, еще раз перечитайте все, что вы записали. Отметьте галочкой все позитивные, творческие мысли. Это убеждения, которые нам надо сохранить и использовать в дальнейшем. Другим цветом выделите все негативные, вредные для вашей жизни мысли. Их вам необходимо изменить, а от некоторых избавиться вовсе.

Прочтите каждое негативное высказывание и спросите себя: «Хочу ли я продолжать руководствоваться данным принципом? Хочу ли я отказаться от этого убеждения?» Если вы стремитесь к новизне и переменам, то составьте новый список. Каждую негативную аффирмацию (все наши убеждения являются аффирмациями) превратите в полезное для жизни утверждение. Например, фраза «Мои отношения с мужчинами—сплошная катастрофа» превратится в аффирмацию «Мужчины любят и уважают меня»; «Я ни к чему не пригодна»—«Я сильная и уверенная в себе женщина»; «Я не знаю, как найти приличную работу»—«Жизнь предоставляет мне любую прекрасную работу на выбор»; «Я постоянно болею»—«Я сильная, здоровая, энергичная женщина». Эти примеры я взяла из своего собственного списка. Вы тоже можете подобным образом превратить все свои отрицательные убеждения в позитивные законы своей жизни. Ваша судьба—в ваших руках. Мостите дороги, по которым идете. Превращайте все негативное в положительное. Каждый день прочитывайте вслух список своих позитивных аффирмаций. Делайте это перед зеркалом— так изменения скорее войдут в вашу жизнь. Произносите аффирмации, глядя себе в глаза. Зеркала обладают поистине удивительными свойствами.

Ваши отношения с вашей внутренней сущностью — важнейшая часть жизни.

АФФИРМАЦИИ — НОВОЕ НАПРАВЛЕНИЕ ЖИЗНИ

Аффирмации должны всегда быть в настоящем времени. Говорите: «У меня есть…» или «Я—такая-то…» вместо: «У меня будет…» или «Я хочу быть (стать) такой-то…» Если аффирмации произносятся в будущем времени, то их результаты так и остаются где-то в будущем, за пределами нашей жизни.

Зачастую у нас не остается времени на себя, потому что мы слишком заняты и наши графики чрезвычайно плотны. Выделить время для работы над собой, для упражнений по медитации необходимо. Лучше всего заниматься вдвоем с подругой или создать небольшую группу. Найдите время утром или вечером и один день в неделю обязательно посвящайте медитации. Вместе с вашими подругами составьте списки аффирмаций. Помогите друг другу дополнить списки позитивных убеждений. Полезно будет всем вместе обсудить эту книгу и поработать над ней. Несколько недель коллективной работы могут сотворить с вами настоящее чудо. Делитесь друг с другом новыми идеями и свежими мыслями, перенимайте опыт, учитесь вместе. Все, что вам необходимо для подобной коллективной работы, — это блокнот, зеркало и открытое, любящее сердце. Я гарантирую, что вы глубже поймете и лучше осознаете самих себя независимо от того, будете ли вы заниматься в группе или самостоятельно. Вы сможете значительно улучшить свою жизнь.

Задайте сами себе следующие вопросы (если вы постараетесь ответить на них честно и прямо, это подскажет вам верный путь в жизни):

- Как я могу изменить свою жизнь, улучшить ее, воспользоваться всеми ее дарами?

- Чего конкретно я ожидаю от своего супруга?

- Чего мне действительно хотелось бы получить от супруга?

- Как мне добиться того, чего я хочу? (Не возлагайте все на своего партнера. Ваши отношения касаются вас обоих, для одного это непосильная задача.)

- Как мне сделать свою жизнь полнее, реализовать себя? Что мне необходимо для этого?

- Что я стану делать, если останусь одна?

- Если я останусь одна на всю оставшуюся жизнь, буду ли страдать от потери? Или смогу жить полноценной жизнью, показав пример другим одиноким женщинам, став для них маяком, указывающим путь в темноте?

- Чему жизнь научила меня? Чему мне еще предстоит научиться?

- Что мне надо сделать, чтобы жить в гармонии с окружающим миром?

Всем нам пора разработать свою собственную жизненную философию и свои законы — утверждения, по которым мы живем. Создать свои убеждения, которые поддерживали бы нас и дарили нам новые силы. Вот какие персональные законы разработала я за время работы над собой:

Я постоянно нахожусь под защитой неба, и со мной не может случиться ничего плохого.

Я знаю все, что мне необходимо знать.

Я получаю своевременно все, в чем нуждаюсь.

Моя жизнь полна радости и любви.

Я люблю и любима.

Я здорова, энергична и полна сил.

Все, что со мной происходит, —
только к лучшему.

Я радуюсь переменам и новизне.

В моем мире все прекрасно.

Я часто повторяю эти утверждения. Я начинаю с них свой день и возвращаюсь к ним вечером. Если у меня что-то не ладится, я снова и снова проговариваю их. Например, когда я чувствую себя неважно, я повторяю «Я здорова, энергична и полна сил» до тех пор, пока не почувствую себя лучше. Идя в темноте, я проговариваю аффирмацию «Я постоянно нахожусь под защитой неба, и со мной не может случиться ничего плохого». Эти убеждения стали частью меня самой, я настолько сроднилась с ними, что не задумываясь обращаюсь к ним в трудную минуту. Предлагаю и вам составить список подобных убеждений, отвечающих вашему сегодняшнему видению мира. Вы всегда сможете внести в него исправления или добавления. Создайте свои собственные персональные законы. Создайте свой собственный защищенный мир. Единственное, что может причинить вам вред или помешать исполнению ваших планов, —это ваши собственные негативные мысли. Но эти мысли и убеждения можно изменить.

Как и у любого из нас, у меня есть свои собственные проблемы, трудности. Но я научилась справляться с кризисными ситуациями. Как только передо мной встает какая-то проблема, я тут же говорю себе: *«Все хорошо. Что бы ни случилось, все к лучшему. Ситуация обернется для меня удачей.*

Я в безопасности». Или: «Все хорошо. Что бы ни случилось, все к лучшему. Все обернется как нельзя лучше для всех нас. Все мы в безопасности».

Я повторяю подобные аффирмации снова и снова, иногда двадцать минут без перерыва. Проходит немного времени, и ситуация проясняется или я начинаю видеть все в ином свете: либо я нахожу решение, либо обстоятельства меняются в лучшую сторону, либо раздается телефонный звонок и мне сообщают, что все в порядке. Не поддаваясь панике, охватившей нас при создавшемся положении, мы можем все трезво взвесить и оценить. Иногда намного полезнее поддаться обстоятельствам, чем пытаться что-либо изменить.

Такой подход и мои аффирмации всегда приходят мне на выручку. Я абстрагируюсь от проблемы и смотрю на ситуацию со стороны. Я «блокирую» свое сознание, предоставляя Вселенной подсказать мне решение. Я использовала аффирмации, попадая в пробки на дороге, задерживаясь в аэропорту, ссорясь с друзьями, болея и испытывая трудности на работе. Стоит научиться порой плыть по течению, а не бороться из последних сил с каждым препятствием. Используйте этот новый подход к проблемам и увидите, что их в вашей жизни станет значительно меньше.

Наше развитие, рост и обучение способствуют эволюции души. Получая новую информацию, новые знания, мы расширяем и углубляем свое видение мира. Наше понимание жизни постоянно меняется. Сейчас мы изучили и используем лишь десять процентов нашего разума. Девяносто процентов — огромный потенциал — нам только предстоит изучить. Жизнь необъятна и интересна, и я рада, что живу именно сейчас. Каждое утро я начинаю с принесения благодарности Вселенной за то, что она подарила мне еще один прекрасный, удивительный день. Каждое утро я посвящаю этому пять — десять минут. Я приношу благодарность за хороший сон, за мое тело, мой дом, моих питомцев, друзей, за материальные вещи, которыми я обладаю, за все, что ждет меня днем. В заключение я всегда прошу жизнь дать мне больше знаний, больше понимания, чтобы мои горизонты постоянно расширялись. Чем больше мы видим, чем больше знаем, тем проще становится наша жизнь. Я верю, меня ждет светлое будущее.

Помните: аффирмации—это позитивные утверждения, которые произносятся с целью запрограммировать разум на принятие нового, изменений в жизни. Выберите аффирмации, которые придадут вам сил и уверенности в себе. Каждый день повторяйте по крайней мере некоторые из нижеследующих.

АФФИРМАЦИИ

Я сильная женщина и заявляю

о своей силе.

Я нахожу в себе много прекрасного.

У меня замечательная душа.

Я умная и красивая женщина.

Я люблю себя.

Я хочу быть самой собой, любить себя

такой, какая я есть.

Я независима.

Я сама забочусь о себе.

Я расширяю свои возможности.

Я могу жить, как хочу, могу стать

такой, какой хочу.

У меня отличная жизнь.

Моя жизнь полна любви.

Любовь в моей жизни начинается

с меня самой.

Я распоряжаюсь собой
и своей жизнью.

Я энергичная женщина.

Я достойна любви и уважения.

Я ни от кого не завишу, я свободна.

Я хочу научиться жить по-новому.

Я могу постоять за себя.

Я принимаю и использую свои силы.

Я не страшусь одиночества.

Я довольна своим местом в жизни.

Я наслаждаюсь жизнью.

Я люблю, уважаю и поддерживаю
других женщин.

Я живу полноценной жизнью.

Я иду по пути любви.

Мне нравится быть женщиной.

Я рада, что живу в данном месте
и в данное время.

Я наполняю свою жизнь любовью.

Я принимаю дары своего времени.

Я полностью удовлетворена собой.

У меня есть все необходимое.

Я не боюсь своего развития.

В моем мире все хорошо,
и мне ничто не угрожает.

ЛЕЧЕБНАЯ МЕДИТАЦИЯ

Я верю, что я замечательная женщина.

Я очищаю свой разум и свою жизнь
от всех негативных, разрушительных,
пугающих мыслей и убеждений,
препятствующих мне быть той
чудесной женщиной,

которой я являюсь на самом деле.

Я могу постоять за себя, позаботиться о себе, я независима.

Я самостоятельно принимаю решения.

У меня есть все необходимое.

Я не боюсь своего развития.

Я раскрываюсь, нахожу в себе новые силы, реализую свои возможности.

Окружающие любят меня.

Я поддерживаю других женщин, помогаю им.

Я приношу добро всей планете.

Мое будущее полно света, счастья, мира и красоты.

Так оно и есть!

Помните: даже небольшое позитивное изменение в вашем сознании ведет, возможно, к разрешению серьезных проблем вашей жизни. Обращайтесь с волнующими вас вопросами к жизни, и она сама подскажет вам нужные ответы!

Существует множество возможностей для того, чтобы внести в свою жизнь изменения. Мы можем, к примеру, пересмотреть законы своего бытия. Не пытайтесь понять, что не в порядке с вашей жизнью, приглядитесь к барьерам, которые вы сами поставили на своем пути к прогрессу. Таким образом, без самобичевания, мы уничтожим все препятствия и изменим свою жизнь. Многие из этих барьеров перегородили наш путь еще в детстве. Подспудно мы понимали, что должны жить по другим законам, но перенимали устои быта наших родителей. Усвоив таким образом чужие мысли, сегодня мы должны избавиться от них. Нам необходимо научиться любить и ценить себя. Нам предстоит выработать несколько основных, довольно существенных убеждений:

1. Не критикуйте себя. Это глупое и бесполезное занятие, не несущее ничего позитивного. Перестаньте критиковать себя, снимите с себя этот груз. Не критикуйте также и окружающих: как правило, недостатки, которые мы видим в них, — отражение наших собственных ошибок. Негативное отношение к окружающим зачастую провоцирует неприятности в нашей жизни. Только мы одни вправе судить себя — ни другие люди, ни жизнь, ни Бог, ни Вселенная.

Я люблю себя, я довольна собой.

2. Не запугивайте себя. Пора покончить со страхами. Часто мы своими мыслями доводим себя до отчаяния. Нам в голову не может прийти две мысли одновременно. Поэтому давайте мыслить позитивными аффирмациями. Тогда наши мысли сами изменят нашу жизнь к лучшему.

Я не стану больше пугать себя.

Я живу полноценной жизнью.

Я чудесная, замечательная женщина.

Моя жизнь свободна от страха.

3. Уделяйте больше внимания отношениям с самой собой. Мы придаем слишком много значения отношениям с окружающими, забывая о себе. Мы вспоминаем о себе лишь время от времени. Пора позаботиться о себе и об отношениях с самой собой. Любите себя такой, какая вы есть. Не забывайте о своем сердце и о своей душе.

Мой самый лучший друг — я сама.

4. Обращайтесь к себе с любовью. Уважайте и цените себя. Любя себя, вы становитесь

В каждом из нас есть скрытые способности и возможности.

более открытой, доступной для любви окружающих вас людей. Следуя законам любви, фокусируйтесь на желаемом, вместо того чтобы концентрироваться на нежелательном. Фокусируйтесь на любви к себе.

В этот миг я очень люблю себя.

5. Заботьтесь о своем теле. Ваше тело — священное вместилище души. Если вы хотите прожить долгую, полноценную жизнь, начните заботиться о своем теле прямо сейчас. Вы должны хорошо выглядеть и, что еще важнее, прекрасно себя чувствовать — ваша энергия должна бить ключом. Диета, правильное питание, физические упражнения играют немаловажную роль. Вы должны держать себя в форме, сделать свое тело гибким, выносливым и здоровым. Таким оно и должно оставаться до вашего последнего дня на планете.

Я здорова, счастлива, энергична.

6. Обучайтесь. Очень часто мы жалуемся на то, что не знаем многих вещей: того, этого, что делать, как поступить. Но ведь у всех нас достаточно ума и сообразительности и мы способны учиться. Можно научиться всему — для этого существуют книги, курсы, кассеты. Они есть везде и доступны всем. Если у вас не так много денег, пойдите в библиотеку. Найдите или создайте группу, которая занималась бы самостоятельно. Я знаю, что я буду постигать новое до самого последнего дня.

Я обучаюсь и развиваюсь.

7. Обеспечьте свое будущее. Каждая женщина имеет право на личные средства. Это мы должны твердо знать. Собственные деньги развивают наше самоуважение, придают нам чувство уверенности. Начать можно и с небольшой суммы. Важно продолжать копить, откладывать деньги, и в этом вам очень помогут аффирмации.

Я постоянно увеличиваю свой доход. Что бы я ни делала, что бы ни случилось, все происходит мне на благо.

8. Раскрывайте свои творческие возможности. Творчески можно подойти к любому делу — начиная от выпечки пирогов и заканчивая проектированием небоскребов. Найдите время для самовыражения. Если у вас есть дети и времени на все не хватает, попросите подругу посидеть с вашими детьми. Чередуйтесь — последите за ее малышами. И у вас появится свободное время. Вам обеим оно необходимо. Творите! Вы это можете.

Я всегда нахожу время на творчество и самовыражение.

9. Сделайте радость, любовь и счастье центром своей жизни. Радость и счастье есть внутри каждого из нас. Установите связь с тем тайником своей души, где бьет этот освежающий ключ. Стройте свою жизнь по законам радости, любви и счастья. Если мы счастливы, то повышается наш творческий потенциал, мы становимся открыты новым свежим мыслям и идеям, мы можем радоваться каждому пустяку.

Я полна радости, я счастлива.

10. Будьте честны, держите слово. Для того чтобы уважать и ценить себя, необходимо быть честной. Учитесь держать свое слово. Не обещайте опрометчиво того, чего не в состоянии выполнить, тем более самой себе. Не давайте себе слово, что завтра же сядете на диету или что с завтрашнего дня будете каждое утро начинать с зарядки, если не уверены на все сто процентов, что выполните обещанное. Вы должны верить себе.

11. Установите прочную духовную связь с жизнью. Эта особая связь может быть обусловлена нашими религиозными убеждениями, а может не иметь с ними ничего общего. У детей нет выбора—им передают по наследству религию предков. Но, став взрослыми, мы сами в состоянии выбрать себе верование и духовную тропу. Каждый из нас должен время от времени уединяться, оставаться в одиночестве, чтобы побеседовать с самим собой. Ваши отношения с вашей внутренней сущностью—важнейшая часть жизни. Найдите время для того, чтобы посидеть в тишине и прислушаться к голосу вашей внутренней мудрости.

В своих духовных убеждениях я нахожу поддержку, они направляют и поддерживают меня.

Повторяйте данные аффирмации, изменяйте и дополняйте их. Пусть они прочно войдут в ваше сознание, помогая ему расти. Пусть они станут неотъемлемой частью вашей жизни!

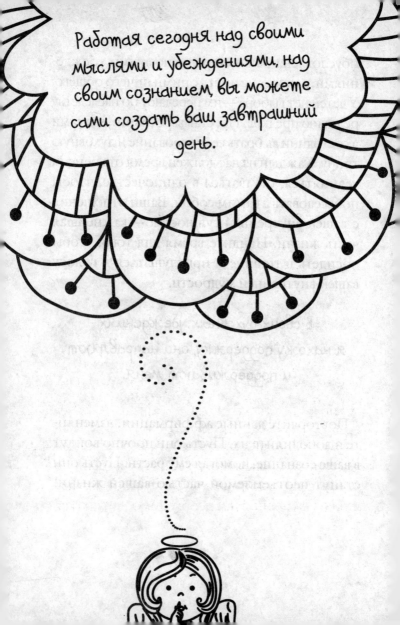

Работая сегодня над своими мыслями и убеждениями, над своим сознанием, вы можете сами создать ваш завтрашний день.

Глава 4

 ВАШИ ОТНОШЕНИЯ
С... САМОЙ СОБОЙ

На тему, как наладить отношения с мужчиной или найти идеального спутника жизни, уже написано немало книг. В этой главе я не стану подробно рассматривать вопросы, о которых было сказано достаточно. Вместо этого я хотела бы остановиться на самых важных отношениях в вашей жизни—отношениях с *самой собой*.

Многие женщины задают себе один и тот же вопрос: «Как я могу вести полноценную жизнь без мужчины?» Этот вопрос пугает многих женщин. Нам необходимо признаться себе в своих страхах и перешагнуть через них. Составьте список всех ваших страхов («Я боюсь…»), проанализируйте получившееся и постарайтесь избавиться от всего, что вас пугает. Не пытайтесь бороться со своими страхами — это только усилит их. Прибегните к медитации, и ее сильный, светлый, очищающий поток унесет все ваши страхи. Вы увидите ваши страхи в новом свете — превратите их в позитивные аффирмации. «Я боюсь, что меня никто никогда не полюбит» превращается в «По крайней мере один человек точно любит меня, он очень сильно любит меня. Этот человек — я сама». Если мы сами отказываем себе в любви, то как можем требовать, чтобы нас любили другие? Не желайте того, чего в данный момент не можете получить, чему нет пока места в вашей жизни. Не теряйте времени даром — учитесь быть нежной и ласковой с *самой собой*. Дайте почувствовать своему телу, сердцу, своей душе, что такое *любовь*. Относитесь к себе с любовью, которую ждете от мужчины.

Не теряйте времени даром — учитесь быть нежной и ласковой с самой собой.

В жизни каждой женщины найдется момент, в который она одинока: молоденькая девушка, разведенная женщина, вдова. Я считаю, что ВСЕМ женщинам (даже тем, у которых в данный момент в личной жизни нет проблем) необходимо задать себе один вопрос: «Готова ли я к жизни в одиночестве?» Находясь в постоянной зависимости от других людей, которые заботятся о нас, опекают нас, мы не даем выхода своим внутренним силам. Даже когда рядом с нами есть мужчина, готовый поддержать в трудную минуту, нам необходимо порой побыть наедине с самой собой— подумать о том, какие мы на самом деле, поставить перед собой новые цели, попытаться что-то изменить в себе. Время, потраченное на себя, окупится сторицей. Ваши отношения с самой собой не менее важны, чем отношения с окружающими. Ваши мысли должны стать вашими лучшими друзьями.

Сегодня перед незамужней женщиной открыт целый мир. Ее способности и устремления могут возвысить ее над миром. Она должна научиться уважать себя, и тогда она сможет много путешествовать, заниматься интересным делом, зарабатывать деньги, заводить новых друзей. Уверенная в себе женщина может позволить себе сексуальные отношения и добиться любви, если она того захочет. Сегодня женщина имеет право родить ребенка без мужа — общество не отвернется от нее. Посмотрите на многих знаменитых и известных всему миру женщин — актрис и политических деятелей. У современной женщины должен быть свой собственный стиль жизни.

Многих женщин ждут недолгие отношения с мужчинами — встречи и расставания.

Они, быть может, проживут в одиночестве всю оставшуюся жизнь. В настоящий момент в Соединенных Штатах Америки проживают около 122 миллионов мужчин и 129 миллионов женщин. Разница составляет 7 миллионов, но во многих странах, например во Франции, эта разница еще больше. В мире все больше одиноких женщин. Но не следует рассматривать эту статистику как трагедию. Наоборот, посмотрим на нее как на счастливую возможность женского развития. Вы же знаете, как это часто бывает в жизни: мы не хотим ничего менять до тех пор, пока нас что-либо не заставит измениться. Например, сами бы вы никогда не ушли с работы, даже которую ненавидите,—но потом вас увольняют. Жизнь делает за нас выбор, который мы бы никогда не сделали сами. Женщины долгое время пренебрегали возможностью внести в свою жизнь позитивные изменения, очистить от страхов свое сознание, и теперь жизнь подталкивает их к новой черте.

Мы должны помнить о том, что завтра придет новый день, который принесет с собой новые возможности и новые силы. ♥

В КАЖДОМ ИЗ НАС ЖИВЕТ ЛЮБОВЬ

Большинство женщин способно лишь на слезы и вздохи, если рядом с ними нет мужчины. Это печальный факт. Мы не должны чувствовать свою неполноценность или ущербность из-за того, что рядом с нами нет мужчины. Поисками любви мы признаем, что в нашей жизни нет любви. Но в каждом из нас живет любовь. Никто никогда не полюбит нас так, как мы сами. Наша любовь никогда не оставит нас, мы никогда не разлюбим себя, наша собственная любовь не ослабеет. Нам необходимо прекратить любовь там, где ее нет. Потребность в партнере становится нездоровой привычкой: расставшись с одним мужчиной, мы тут же начинаем подыскивать ему замену. Это говорит о зависимых, тягостных отношениях с противоположным полом. Наш постоянный поиск говорит о том, что мы все время чувствуем свою неполноценность. Как и пристрастие к чему-либо другому, это очень вредно. Мы все время задаемся вопросом: «Что со мной не так?»

Женщины очень часто боятся привыкнуть к постоянному поиску спутника, а также ощущают себя недостойными. Мы положили столько сил и потратили уйму времени, чтобы найти хоть кого-то, что потенциально согласны на зависимое положение, позволяем помыкать собой, оскорблять чувство собственного достоинства и способны удовлетворяться малым. Но мы достойны лучшего, мы заслуживаем уважения. Нам ни к чему приносить себя в жертву.

Мы причиняем себе много боли и страданий, мы чувствуем себя одинокими и несчастными.

Но этот выбор в нашей жизни делаем мы сами, и пришла пора сделать новый выбор, который позволит нам, наконец, зажить счастливо. Нужно помнить о том, что нас программировали на такое поведение. Но все это осталось в прошлом. Мы должны помнить также и о том, что завтра придет новый день, который принесет с собой новые возможности и новые силы. Чтобы строить свое будущее, мы должны сделать свой выбор уже сегодня. Мы должны изменить свои взгляды, убеждения, мысли. Необходимо начать эти изменения прямо сейчас — перед нами откроются новые горизонты, неведомые дали. Одиночество — это дар неба!

Нам необходимо ясно понять и усвоить, что любовь в нашей жизни начинается с нас самих.

Зачастую нам просто необходимо побыть одним. Все больше и больше женщин, которые остались одни (их бросили мужья, они развелись или овдовели), сегодня способны сами позаботиться о себе и предпочитают не вступать во второй брак. Замужество—обычай, от которого изначально выигрывают мужчины. Женщина в результате брака теряет свою независимость и попадает буквально в кабалу. Нас, женщин, учили приносить себя в жертву браку, поэтому мужчины охотно принимают подобные жертвоприношения. Чем потерять независимость, многие женщины предпочитают сегодня остаться одинокими. Их более не прельщает перспектива подчиняться и угождать мужчинам.

Существует старинная пословица, которая гласит: «На плечах женщины лежит небесный свод». Пора подтвердить древнюю мудрость. Однако обвинениями, плачем, слезами, гневом, своей жертвенностью и покорностью мы ничего не добьемся. Мы сами отдаем свою силу мужчинам и системе. Мужчина — это зеркало, в котором мы видим отражение своей сущности. Очень часто мы ищем у других любви и заботы, в то время как все, что они могут дать, — это отражение наших отношений с самими собой. Чтобы двигаться вперед, ввысь, нам необходимо наладить эти отношения. Свою работу я хотела бы сконцентрировать по большей части на том, чтобы помочь женщинам принять и использовать собственную силу. Эта сила должна быть направлена только на позитивное.

Нам необходимо ясно понять и усвоить, что любовь в нашей жизни начинается с нас самих. Мы слишком часто ищем «мистера Хорошего», на которого можно свалить проблемы. И мы находим его — в отце, приятеле, муже. Пора вам самой стать «мисс Хорошей». И даже если рядом с вами не будет «мистера Хорошего», он вам не понадобится — вы сможете постоять за себя. Мы сами заботимся о себе, и такая жизнь нам нравится.

> *Жизнь делает за нас выбор, который мы бы никогда не сделали сами.*

Итак, даже если в данный момент у вас никого нет, это не значит, что вы обречены на одиночество. Думайте об этом периоде вашей жизни как о даре судьбы, о возможности осуществить все ваши планы и воплотить все ваши мечты. Я, например, даже и не смела надеяться на счастливую жизнь—ни маленькой девочкой, ни молодой женщиной. Любите себя и позвольте жизни направить вас по верному пути. Вам по плечу любые препятствия, любые преграды. Мы можем лететь ввысь!

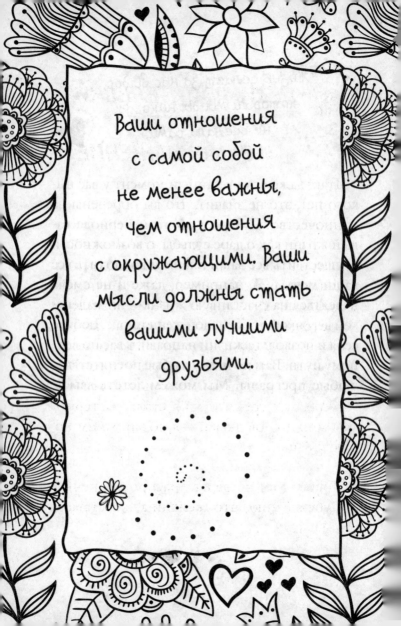

Ваши отношения
с самой собой
не менее важны,
чем отношения
с окружающими. Ваши
мысли должны стать
вашими лучшими
друзьями.

Глава 5

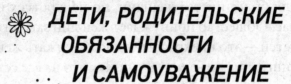

ДЕТИ, РОДИТЕЛЬСКИЕ ОБЯЗАННОСТИ И САМОУВАЖЕНИЕ

В этой главе я хочу сказать пару слов о детях и родительской заботе. Я уверена, что в прошлых жизнях у меня были дети, много детей, но в этой жизни у меня их нет. Я принимаю это как необходимость моего настоящего существования. На этот раз Вселенная наполнила мою жизнь множеством интересных событий, и я стала «матерью» для миллионов людей—я подарила им новую жизнь.

Прошу вас, не верьте распространенному убеждению, что женщина, не ставшая матерью, неполноценна. Быть может, это так для большинства женщин, но не для всех из нас. Общество принуждает женщин заводить детей—это прекрасный способ держать женщину в подчинении. Я считаю, что на все есть свои причины. Если вам не предначертано стать матерью, значит, вы предназначены для иных целей. Если вы все же хотите иметь детей и переживаете из-за того, что у вас их нет, постарайтесь перешагнуть свое горе, чтобы двигаться дальше. Страдание не может и не должно длиться вечно. Скажите себе: *«Я знаю, все в моей жизни ведет меня к счастью. Я чувствую себя полностью удовлетворенной своей жизнью. Все к лучшему».*

В этом мире так много беспризорных, брошенных детей-сирот. Если ваш материнский инстинкт настоятельно требует выхода, пролейте вашу заботу и тепло на этих несчастных. Но мы можем помогать не только детям, но и другим женщинам—потерянным, угнетенным, мы можем окружить их пониманием, помочь «расправить крылья и полететь». Мы можем заботиться о животных. У меня, например, четыре собаки и два кролика. Всех своих питомцев я забрала из приютов для животных. У каждого создания природы своя жизнь, полная тревог, волнений и несчастий. Любовь и ласка могут сотворить чудеса с любым существом—будь то человек или животное. Нам по силам внести и свой маленький вклад в дело любви и мира.

Сейчас развивается целая индустрия, «продающая» способность иметь детей. В это дело вложены миллиарды долларов, и «продукты» клиник пользуются все большим спросом. В этой индустрии практически отсутствуют запреты и ограничения. Вы не должны истязать свое тело, отворачиваясь от самой жизни, от естественного хода событий. Ребенок из пробирки стал новым, очень выгодным, но также и очень пагубным для общества способом зарабатывать деньги. Если вы можете иметь ребенка, у вас обязательно появится малыш. Если же вы не предназначены для того, чтобы стать матерью, найдите другой смысл жизни. Примите это как должное, на то есть свои причины — ваша жизнь полна других, не менее важных забот.

Лично я сама считаю недопустимым прибегать к новым методикам: мы еще слишком мало знаем об этих разработках и экспериментах в области искусственного оплодотворения. Доктора используют наши тела для своих опытов с лабораторными препаратами — я не хочу, чтобы мой ребенок стал плодом такого медицинского эксперимента на живом организме. Я считаю, что это опасно. Сейчас в печати уже начинают появляться статьи, рассказывающие об ужасных последствиях этих дорогих во всех смыслах опытов. Одна женщина, заплатив огромные деньги, прошла лечение 40 раз, но не только не забеременела, но и заразилась СПИДом. У одного из ее доноров было это заболевание. Я читала о парах, которые закладывали все свое имущество, чтобы заплатить за лечение, которое не принесло никаких результатов. Подумайте сто раз, прежде чем прибегнуть к помощи современной науки и медицины. Прочитайте все доступные материалы по данному вопросу — не только брошюры, которые вам предложат в клинике. Отдавайте себе отчет в своих действиях.

Вопрос об аборте в нашей культуре имеет очень большое значение. Это нелегкий вопрос. В Китае, например, женщину принуждают делать аборты, чтобы не увеличивалось население. В нашем обществе аборт рассматривают как морально окрашенный и даже политический акт, в то время как в Китае это простая необходимость. Кампании, выступающие за запрещение абортов, считают, что женщин надо держать в узде. Женщина должна рожать детей и служить мужу. Детородная функция женского организма стала политическим вопросом. Решиться на аборт для женщины не так просто. Рождение ребенка я почитаю за высшее благо и за высшую радость, но никогда не осужу женщину, пошедшую на операцию от отчаяния и безвыходности.

От народных индейских целителей Северной Байи[3] и Мексики я слышала о травах, предотвращающих беременность. Их отвар принимается дважды и дает полный контроль в течение восьми месяцев без каких-либо побочных эффектов. Я всегда считала, что в природе найдется необходимое целебное или профилактическое средство. Нам необходимо постичь тайны природы и их использовать. Наиболее

---

[3] Северная Баия — территория на севере полуострова Калифорния в северо-западной Мексике.

«цивилизованные», развитые народы далеки от природы и обращаются за помощью к химикатам и хирургии.

Я надеюсь, что скоро придет время, когда мы осмысленно и обдуманно будем подходить к вопросу о беременности и ее прерывании. Я считаю, что мозг обладает достаточным контролем над нашим телом. Поэтому наше сознание способно «принять» или «отвергнуть» беременность и подать соответствующую команду телу. К сожалению, сейчас мы еще не умеем использовать до конца возможности своего организма. Ученые утверждают, что человек изучил и использует только 10 процентов функций мозга. Сегодня мы даже не можем представить себе всю силу,

Если ваша жизнь изменится к лучшему, то и у ваших детей будет все хорошо.

скрытую в оставшихся 90 процентах. Но я уверена, придет день, когда человек разрушит барьеры своего сознания и освободит заключенный в темнице разума нескончаемый источник мощи.

С РАННЕГО ВОЗРАСТА УЧИТЕ СВОИХ ДЕТЕЙ ЛЮБВИ

Многие матери-одиночки выбиваются из сил, растя своих детей без помощи мужа. Это действительно очень тяжело, и я восхищаюсь всеми женщинами, которым удается справляться с этой нелегкой задачей. Матери-одиночки не понаслышке знают, что такое усталость. При нынешнем проценте разводов каждая женщина, прежде чем выйти замуж и родить ребенка, должна спросить себя: «Хочу ли я и смогу ли я растить своих детей одна, без помощи мужа?» Сложно представить себе, какой это тяжелый труд—вырастить и воспитать ребенка. И в одиночку многим женщинам это просто не под силу. Общество должно уделять больше внимания этой проблеме, проявлять больше заботы о работающих женщинах, в одиночку воспитывающих детей. Необходимо создать законы, защищающие детей и женщин.

Будучи матерью, вам совсем не обязательно становиться суперженщиной. Нам не нужно быть совершенными родителями. Для того чтобы приобрести новые для вас навыки воспитания детей, достаточно прочитать несколько интересных и полезных книг, таких, например, как книга Уэйна Дайера «Чего вы действительно хотите для своих детей?». Если вы любящий родитель, то у ваших детей есть все шансы вырасти прекрасными людьми, вашими друзьями. Они вырастут уверенными в себе и удачливыми. Внутренний стержень, уверенность в себе приносят умиротворение и спокойствие. Я полагаю, лучшее, что мы можем сделать для своих детей, —это в первую очередь научиться любить самих себя, так как дети учатся на примере взрослых. Если ваша жизнь изменится к лучшему, то и у ваших детей будет все хорошо. Ваше самоуважение принесет уверенность в себе и спокойствие для всей семьи.

В том, чтобы в одиночку растить ребенка, даже есть свои преимущества. Сегодня женщины получили возможность вырастить своих сыновей настоящими мужчинами, прекрасными мужьями. Поведение мужчин и их отношение так часто не устраивают женщин, а между тем именно женщины растят мужчин. Если мы хотим, чтобы наши мужчины были добрыми, любящими, ласковыми, понимающими женщин, то матери должны воспитывать в сыновьях эти качества. Чего именно вы хотите от мужчины, от мужа? Я предлагаю составить список, чтобы четко понять, чего же вы *действительно* хотите. Учите своего сына быть таким, каким вы хотели бы видеть мужчину. Жена вашего сына будет вам благодарна, в вашей семье—между вашим сыном, невесткой и вами—установятся дружеские, теплые отношения.

Если вы мать-одиночка, никогда не отзывайтесь о вашем бывшем муже плохо при ребенке. Ваш ребенок научится думать, что семья—это война, и когда он вырастет, то превратит свой брак в поле военных действий. Влияние матери на ребенка очень сильно. Матери, объединяйтесь! Если мы, женщины, объединим свои усилия, то мужчины следующего поколения вырастут такими, какими мы хотим их видеть.

Я бы очень хотела дожить до того дня, когда самоуважение и самооценка станут обязательными предметами в наших школах. Воспитывайте силу духа в детях—из них вырастут уверенные в себе, сильные люди. Каждый день я получаю письма от педагогов, применявших в школах мои методы и добившихся удивительных результатов. Я рада, что эти методы помогают детям. Эти дисциплины преподаются обычно лишь в течение одного учебного года, но даже за столь короткий срок учителям удаётся привить детям позитивные мысли.

Научите своих дочерей любить и уважать себя, и когда они вырастут, то не позволят унижать себя или использовать. А наши сыновья научатся уважать всех окружающих. Ни один малыш не был рождён властным и безжалостным, и ни одна малышка не появилась на свет слабой, униженной жертвой. Такому поведению наши дети учатся. Они перенимают его у родителей, у окружающих взрослых. Если мы хотим, чтобы в нашем обществе ко всем обращались с уважением и любовью, то нашей обязанностью является воспитывать детей сердечными и гуманными. Только тогда в отношениях между полами наступит полное взаимопонимание и согласие. Если вы мать, то послужите примером для своих детей. Обучите их аффирмациям и работе с зеркалом. Дети обожают зеркала. Поработайте все вместе перед зеркалом. Придумайте друг другу аффирмации. Помогите друг другу создать позитивные мысли и идеи. Когда к аффирмациям обращаются всей семьей, они особенно эффективны. Объясните своим детям, почему так важно, какие у них мысли — хорошие или плохие. Дети поймут, что от них самих зависит их жизнь, настроение. Они — создатели, которые помогают изменить мир, пользуясь силами и возможностями, подаренными им самой жизнью.

Родители зачастую боятся показать свои чувства. В каждой семье существует масса невысказанных упреков, проблем, которые необходимо обсудить. Дети очень чувствительны к любой неискренности, фальши. Но они, наблюдая за родителями, перенимают их поведение. Родители ужасаются поступкам своих детей, не понимая, что их поведение — зеркальное отражение их собственных поступков. В подростковом возрасте чувства детей особенно уязвимы, поэтому мы часто слышим о трудном переходном периоде. Родители обвиняют во всем детей, вместо того чтобы задуматься о своем к ним отношении. Вглядитесь в поступки своих детей, и вы наверняка увидите в них отражение своих скрытых чувств. Справившись с собственными проблемами, освободившись от отрицательных эмоций, вы наверняка обнаружите чудесную перемену, произошедшую с вашими детьми.

Зачастую мы сваливаем все свои беды на других, не замечая, что причина их скрывается в нас самих. Если поступки наших детей или окружающих людей раздражают нас, заставляют злиться, мы никогда не виним в этом себя, а выплескиваем свой гнев на других. Но окружающие нас люди тут ни при чем. Их поступки отражают *наши собственные* скрытые убеждения, подавленные, затаившиеся внутри нас негативные мысли и чувства. Такое «зеркало» дает нам возможность увидеть все отрицательное и избавиться от него. В следующий раз, сильно рассердившись на кого-либо, постарайтесь не поддаваться гневу. Вместо этого спросите

> **Воспитывайте силу духа в детях — из них вырастут уверенные в себе, сильные люди.**

себя: «Что я могу вынести для себя из этой ситуации? Напоминает ли мне эта неприятность какой-нибудь эпизод моего детства? Не пытаюсь ли я повторить чужую ошибку? Могу ли я простить себя и тех, кто причинил мне в детстве боль? Или я стану мстить за обиду, причиняя боль другим?»

Наши дети, друзья, окружающие люди часто показывают нам те наши подавленные чувства, которые мы боимся выпустить наружу, к которым не хотим возвращаться. Вместо того чтобы встретиться с негативными убеждениями лицом к лицу и побороть их, мы поворачиваемся к ним спиной и бежим от неприятных ощущений.

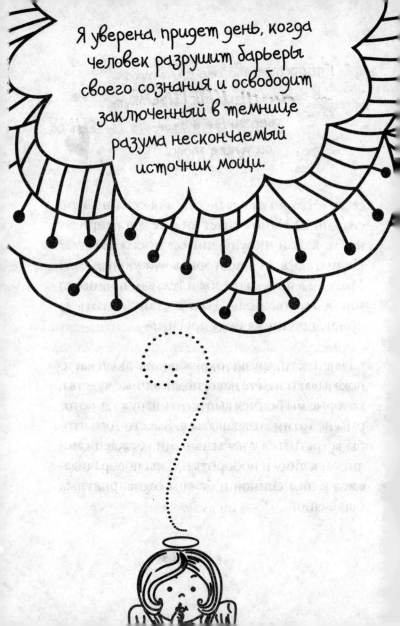

Я уверена, придет день, когда человек разрушит барьеры своего сознания и освободит заключенный в темнице разума нескончаемый источник мощи.

Глава 6

 ВАШЕ КРЕПКОЕ ЗДОРОВЬЕ — В ВАШИХ РУКАХ

Нам, женщинам, необходимо понимать, что существует множество альтернативных путей оздоровления организма. Мы не должны полностью полагаться на различные лекарственные препараты. Телевизионная реклама не дает нам всей необходимой информации. Пилюли, купленные с лотков, лишь маскируют симптомы, но не избавляют нас от болезней. Если мы станем придерживаться только устаревших взглядов, использовать лишь традиционные методы лечения, то нам сложно будет адаптироваться в новых, современных условиях—у нас на это не хватит ни сил, ни духу.

Медицина и фармацевтическая индустрия отнимают у женщин силы—пора покончить с этим. Нас сбивали с толку использованием высоких технологий—очень дорогих и зачастую неэффективных или даже ухудшающих наше здоровье. Пришло время взять свое тело под контроль (наше физическое и ментальное состояние зависит от нас самих), тем самым мы сохраним миллионы жизней, сэкономив огромные деньги. Если мы на самом деле осознаем связь между нашим телом и разумом, то проблемы со здоровьем уйдут в прошлое.

ВАЖНОСТЬ ДИЕТЫ

Правильное питание играет огромную роль в поддержании здоровья нашего организма. Во многом мы—то, что едим. Вот что я думаю о еде: если она выращена, можно употреблять ее в пищу, если же нет—она не пригодна к употреблению. Фрукты, овощи, орехи и зерно дает нам земля. Кока-кола или йогурт не растут. Я считаю, что прилавки, забитые полуфабрикатами, подрывают наше здоровье. Знаете ли вы, например, что самыми популярными продуктами в супермаркетах являются кока-кола, пепси-кола, суп в пакетах, плавленый сыр и пиво? Вся эта еда не имеет пищевой ценности, она наполнена солью, сахаром и становится причиной многих заболеваний. Старайтесь получить как можно больше информации о правильном питании — это очень важно для вашего здоровья. Не смотрите на красивую картинку на упаковке — полуфабрикаты вредны для организма.

Нам необходимо много трудиться сейчас, чтобы сотворить прекрасное будущее для следующих поколений женщин. Мы должны быть сильными, гибкими и здоровыми, чтобы справиться с этой нелегкой задачей. Когда вы видите пожилую женщину, слабую, больную, обессиленную, перед вашими глазами — результат неправильного питания, недостатка физических упражнений

> Если мы на самом деле осознаем связь между нашим телом и разумом, то проблемы со здоровьем уйдут в прошлое.

и накапливающихся долгими годами негативных мыслей и убеждений. Но все может быть иначе. Мы, женщины, должны научиться правильно заботиться о своих великолепных телах, чтобы достичь зрелого возраста в прекрасной форме, полными сил и здоровья. Недавно я была на приеме у врача-терапевта. Он сказал мне, что для моего возраста я нахожусь в отличной физической форме. Он считал, что семидесятилетняя женщина должна выглядеть дряхлой старухой. Меня это очень поразило!

Клетки вашего тела живые, и им необходима натуральная пища, чтобы расти и делиться. Свежие продукты должны обязательно присутствовать в нашей диете. Жизнь может дать нам все необходимое для того, чтобы мы могли правильно питаться и чувствовать себя здоровыми. Чем проще мы едим, тем здоровее мы будем. Нужно уделять должное внимание вопросам диеты и употреблять в пищу хорошие продукты. Мы сами должны заботиться о своем организме. Многих заболеваний можно было бы избежать, придерживаясь правильной диеты. Если через час после еды вас тянет ко сну, значит, какой-то продукт вызвал аллергическую реакцию. Следите за тем, что вы употребляете в пищу. Питайтесь полноценно—энергетически ценными продуктами.

Старайтесь есть как можно больше фруктов и овощей, но не покупайте их в супермаркетах. Из периодической печати я узнала, что больше всего пестицидов содержится во фруктах и овощах, продающихся в супермаркетах.

Не верьте специалистам мясо-молочных комбинатов, рассказывающим о пользе животной пищи. Их интересует только прибыль, там не заботятся о нашем здоровье. Для женского тела очень вредно употребление мяса и молочных продуктов в больших количествах. Сократив потребление этих продуктов или вовсе исключив их из вашего рациона, вы избавитесь от проявлений предменструального синдрома и сможете улучшить свое физическое состояние во время менструаций. Кофеин и сахар — еще два врага, причиняющих большой вред женскому организму. Учитесь правильно питаться. Вы почувствуете себя лучше, у вас заметно прибавится сил и энергии. Восстановите свое здоровье. Изучайте свой организм. Если вы будете заботиться о себе, употребляя здоровую пищу, то вам не придется сидеть на диете, чтобы сбросить или набрать вес.

О ПОЛЬЗЕ ФИЗИЧЕСКИХ УПРАЖНЕНИЙ

С помощью физических упражнений можно поддерживать себя в прекрасной форме. Упражнения жизненно необходимы для нашего здоровья. Если мы вовсе не делаем физических упражнений, наши кости ослабевают, а они должны оставаться прочными. Для того чтобы вести активный образ жизни — бегать, прыгать, танцевать, просто двигаться с легкостью, нам необходимо тренировать свое тело с помощью упражнений. Нескольких активных движений будет достаточно. Все, что вы делаете для себя, — это либо акт любви по отношению к самой себе, либо акт ненависти. Любя себя, вы достигнете всяческих успехов в жизни, а физическое упражнение — это ключ к любви и здоровью.

Отличное коротенькое упражнение — просто подпрыгнуть примерно 100 раз подряд. Это упражнение достаточно легкое, не займет у вас много времени, но, уверяю вас, ваше самочувствие значительно улучшится. Потанцуйте под быструю музыку, пробегите пару кругов вокруг дома.

Купите себе небольшой батут и попрыгайте на нем. Это приятное, легкое упражнение: прыжки очищают лимфодренажную систему, укрепляют кости и сердечную мышцу. Изобретателю мини-батута сейчас уже 80 лет, он до сих пор находится в хорошей физической форме и делится с окружающими новыми идеями, касающимися старения, здоровья и физических упражнений. Никогда не верьте, что вы недостаточно молоды для того, чтобы заниматься спортом.

НЕСКОЛЬКО МЫСЛЕЙ О КУРЕНИИ

Перестать курить — вот лучшее, что вы можете сделать для своего здоровья. Курильщик, даже если ему посчастливится и он не войдет в число 400 000 человек, ежегодно умирающих от заболеваний, связанных с табакокурением, каждой сигаретой укорачивает свою жизнь и ухудшает здоровье. Начиная от дисфункции яичников, рака легких

> Нам необходимо трудиться сейчас, чтобы сотворить прекрасное будущее для следующих поколений женщин.

и заканчивая болезнями сердца и остеопорозом[4], сигареты увеличивают риск заболевания.

Зависимость, вредная привычка или отказ от курения—выбирайте сами. Очень негативно сказывается курение на здоровье беременных женщин и развитии плода. Из соображений красоты женщина должна отказаться от сигареты. Курение увеличивает поры, создает морщины вокруг рта, ускоряет

---

[4] Остеопороз (от греч. osteo — кость и porosis — пористый) — болезнь, возникающая из-за недостатка кальция и других минеральных веществ, при которой кости становятся пористыми, ломкими и теряют эластичность.

процесс старения кожи. От курящей женщины пахнет, как от грязной пепельницы. Если вы решили бросить курить, есть много способов добиться положительного результата. В аптеке вам предложат различные продукты, восстанавливающие баланс вашего тела. Акупунктура (иглоукалывание), гипноз, традиционная китайская медицина помогут вам избавиться от вредной привычки. Любите, берегите свой организм — ваше тело всю жизнь будет служить вам верой и правдой. Удаление вредных веществ, ядов, отравляющих наше тело, — акт любви по отношению к самим себе.

КЛИМАКТЕРИЧЕСКИЙ ПЕРИОД — ЕСТЕСТВЕННО И НОРМАЛЬНО

Я считаю, что климактерический период — нормальный, естественный жизненный процесс. Не следует считать его болезнью. Каждый месяц во время менструации наше тело покидает постель, приготовленная для незачатого малыша. В то же самое время из нашего тела выходит множество токсичных веществ. Если мы едим консервированные продукты или даже питаемся полуфабрикатами по стандартной диете — 20 процентов сахаров и 37 процентов жира, мы постоянно отравляем свой организм таким количеством токсинов, которое он не в состоянии удалить до конца. Если к началу климактерического периода в нашем теле накопилось много токсичных веществ, то процесс будет более неприятным. Таким образом, чем лучше вы заботитесь о своем теле, тем легче и незаметнее станет ваш климактерический период. Тяжелый или легкий у вас климактерический период — это зависит от того, как вы чувствуете себя и как заботитесь о себе начиная с наступления половой зрелости. Женщины, плохо переносящие климактерический период, как правило, плохо питаются и совсем не ценят себя.

В 1900-е годы продолжительность жизни составляла всего около 49 лет. В те времена на климактерический период не обращали особого внимания. К наступлению климактерического периода жизнь была уже прожита. Сегодня мы живем более 80 лет, средняя продолжительность жизни постепенно приближается к 90 годам, поэтому климактерический период стал в наши дни серьезной проблемой. Все больше и больше женщин сегодня хотят принимать более активное участие в жизни общества, для этого им необходимо лучше заботиться о своем здоровье. Женщины хотят войти в гармонию со своим телом, позволить процессам, протекающим внутри нас, происходить более естественно, не причиняя неудобств и не лишая женщин определенных возможностей. Ранее такой «проблемой дня» для женщин были дети, сейчас мы живем в век, когда такой проблемой становится климактерический период. Это породило повышенный интерес к воздействию климактерического периода на жизнь женщины. Приблизительно 60 миллионов женщин в Америке пересекли этот важный рубеж гормональных и физиологических изменений в 2000 году.

Коренные американские жители — индейские женщины — не испытывают климактерического периода, они менструируют до конца жизни. Менструальный цикл у индейцев считался признаком здоровья. Северная Байя отстает от современного мира лет на сто, и местные женщины продолжают менструировать до глубокой старости. Им незнакомо такое понятие, как климактерический период. Менструальный цикл считался признаком мудрости, которую искали индейские женщины. В прошлом для индейской женщины было вполне нормальным родить ребенка в 60 лет. Конечно, сейчас такое случается все реже и реже — с ходом времени ухудшается питание, подрываются здоровье и жизненные силы. Я уверена, что, изучая другие культуры по всему миру, мы найдём более естественные и эффективные пути преодоления климактерического периода. Я слышала мнение, что японские женщины не испытывают «приливов», потому что едят много продуктов из соевых бобов. Эстрогенотерапия пугает меня. Большую часть информации мы получаем от фармацевтических компаний, которые заинтересованы в продаже различных химических препаратов и потому необъективны. Я согласна с тем, что такая терапия подходит для многих женщин, но не для всех. Я не считаю, что массовая эстрогенотерапия для всех женщин (от полового созревания до могилы) по совету докторов — это такая уж хорошая идея. «Премарин», например, очень популярный сейчас препарат, изготавливается из мочи беременных кобыл. Как может такая микстура помочь женскому организму? Мудрая природа создала наши тела способными правильно функционировать до самого последнего дня, наш организм — способным к самоисцелению, а нас — к долгой, здоровой жизни. Мы должны верить природе, прислушиваться к голосу нашей внутренней мудрости. Не надо придавать чересчур большое значение заявлениям о том, что с наступлением климакса тело женщины одолеют всевозможные болезни.

Хотелось бы увидеть результаты исследований, посвященных здоровью женщин, только что прошедших климактерический период. Многие женщины сохраняют свое здоровье на долгие годы. Я, например, во время своего климактерического периода пережила «прилив» всего лишь однажды. Выпитая мною гомеопатическая микстура избавила меня от всех неприятных симптомов.

Прогестерон часто намного более эффективен для нас, чем эстроген. Зачастую, когда мы полагаем, что в нашем организме нехватка эстрогена, на самом деле это нехватка прогестерона. Натуральный прогестерон, содержащийся в диком мексиканском ямсе, также стимулирует формирование костных тканей. Под его воздействием клетки начинают строить новую кость. Помните: кость—это живая ткань, и она может быть восстановлена. Натуральный прогестерон продается в аптеках в виде крема. Этот крем втирается в кожу, впитывается в ткань и быстро поглощается. Прогестерон не имеет побочных эффектов, присущих синтетическому эстрогену. Также прогестерон помогает избежать неприятных симптомов, сопровождающих климактерический период.

Я не оспариваю того факта, что многим женщинам помогает гормонотерапия. Однако многие медицинские учреждения

Любя себя, вы достигнете всяческих успехов в жизни, а физическое упражнение — это ключ к любви и здоровью.

утверждают, что гормонотерапия *необходима всем* женщинам с наступления климактерического периода и до самой смерти. Я считаю, что такие заявления унижают достоинство пожилых женщин. В конечном итоге, я полагаю, что стремление к гармонии и балансу в нашем теле и разуме может сделать ненужным прием различных химических, синтетических препаратов, обладающих вредными побочными эффектами.

Все мы в течение жизни проходим разные стадии готовности к чему-либо и желания сделать это. Для многих из нас уровень ответственности и готовности, необходимый для того, чтобы привести в гармонию свое тело и свой разум, слишком высок, когда дело касается закоснелых убеждений. Нам необходима медицинская помощь, консультации психотерапевтов для того, чтобы почувствовать в себе желание и готовность совершить что-либо, отражающееся на нашем здоровье (поверить в собственную полноценность, например). Слишком распространено в нашем обществе убеждение, что женщина, не способная иметь детей, не достойна уважения. Неудивительно поэтому, что многие женщины страшатся наступления климактерического периода и пытаются оттянуть его. Эстрогенотерапия не поможет вам поверить в себя. На это способны только вы сами — ваш разум и ваше сердце.

Я повторяю: климактерический период не заболевание, при котором необходимо лечение. Это нормальный, естественный процесс. Однако наступление климактерического периода у женщин многие организации сейчас успешно используют в собственных целях. Почти вся информация, касающаяся этого важного в жизни женщины момента, исходит от фармацевтических компаний. Очень важно, чтобы сами женщины собирали необходимую информацию, относящуюся к их жизни и здоровью. Раньше женщинам говорили, что все зависит от их сознания.

Современная медицина не делает женщину сильнее, не учит ее управлять своей жизнью. Она делает из всех женщин пациенток.

Существует множество трав, используемых диетологами, и множество различных гомеопатических препаратов, которые могут помочь женщине, проходящей через этот нелегкий период. Существуют также различные натуральные компоненты, способные заменить эстроген и восполнить его нехватку. Сходите на консультацию к специалистам, поговорите об этом с диетологом. Помните, современные женщины—первопроходцы. Нам предстоит расчистить дорогу для своих дочерей, внучек, правнучек. Вырвать с корнем негативные убеждения из своих умов с тем, чтобы женщины будущего не узнали страданий, связанных в нашем сознании с климактерическим периодом. Мы научимся планировать наступление климактерического периода, как планируем сейчас наступление беременности.

Любовь излечивает. Любовь к своему телу помогает сделать ваш организм здоровым.

Во время вашей ежедневной медитации не забудьте передать любовь всем частям своего тела, особенно органам половой системы. Поблагодарите их за то, что они вам так хорошо служат. Скажите им, что вы сделаете все от вас зависящее, чтобы они оставались здоровыми. Развивайте отношения любви с этой частью вашего тела. Уважение, которое вы дарите своему телу, укрепит весь ваш организм. Спросите свою матку, свои яичники, чего они ждут от вас. Вместе с ними спланируйте ваш климакс как легкий переходный период—быстрый и безболезненный как для ваших органов, так и для вашего сознания. Любовь излечивает. Любовь к своему телу помогает сделать ваш организм здоровым.

ПЛАСТИЧЕСКАЯ ХИРУРГИЯ: ПРИЧИНЫ ДЛЯ ЕЕ ПРИМЕНЕНИЯ

В пластических операциях нет ничего плохого, если только вы решились на такой шаг по достаточно веской причине. Нужно отчетливо осознавать, что пластическая хирургия не избавит нас от эмоциональных проблем, не прибавит нам любви и уважения к себе, не спасет наш брак. Очень часто мы прибегаем к косметическим операциям, потому что чувствуем собственную неполноценность. Но косметическая хирургия не излечит вас от ваших собственных негативных убеждений. Сделав пластическую операцию, вы не избавитесь от проблем. Когда я смотрю на всю эту рекламу косметической хирургии, то ясно вижу скрывающуюся за рекламой индустрию, существующую за счет недостатка самоуважения у женщин.

Я встречала немало исполненных ненависти к себе женщин, которые шли на операцию только из-за желания вернуть былую красоту. Ненависть и презрение застилали им глаза, поэтому после операции они стали выглядеть еще хуже, чем до нее. Я помню одну очень симпатичную девчушку, у которой совсем не было самолюбви и самоуважения. Ей казалось, что, будь ее нос другой формы, все было бы в порядке. Она настаивала на операции, но причины, толкнувшие ее на операционный стол, были неправильными. Теперь ее нос больше похож на поросячий пятачок. Ее проблема скрывается в ней самой, а совсем не в форме ее носа.

Нельзя использовать пластическую хирургию для того, чтобы повысить свою самооценку. Вы никогда не достигнете желаемого результата. Для вас наступит временное улучшение, но вскоре закоренелые чувства неполноценности и ущербности вернутся к вам. Вы начнете думать: «Ну, может быть, если удалить еще пару морщинок...» — и так может повторяться без конца. На днях кто-то рассказал мне о новой пластической операции по подтяжке кожи на локтях, которая с возрастом сморщивается и обвисает. И я подумала: «Боже мой, почему бы просто не носить чуть более длинные рукава? Куда все это приведет нас?» Но средства массовой информации ведут непрерывную пропаганду. Реклама хочет сделать из всех нас кукол, сохраняющих внешность девочки-подростка—без аппетита, без морщинки и без лишней складки на животе. Но нельзя во всем обвинять только рекламодателей — в конце концов, *именно мы* покупаем их продукцию. Я полагаю, что, как только женщины выработают в себе более высокую самооценку и перестанут верить всему тому, о чем печатают в модных журналах, реклама изменится.

Не позволяйте врачам ставить эксперименты на вашем теле. Используя искусственные методы для того, чтобы заставить наш организм вести себя так, как ему не предназначено природой, мы напрашиваемся на

неприятности. Не играйте с матерью-приро-
дой. Вспомните, например, сколько проблем
возникает у женщин с имплантатами груди.
Если у вас маленькая грудь, посылайте ей радость и любовь. Это, в сочетании с позитивными аффирмациями, помогло многим женщинам увеличить объем груди. Любите свое
тело, ему нравится чувствовать вашу любовь.
Я также верю в то, что мы сами выбираем
себе телесную оболочку перед очередной ре-
инкарнацией. Радуйтесь тому, что вы такая,
какая есть. Что важнее всего, не коверкайте
свое тело, чтобы угодить другому. Если люди
не любят вас такой, какая вы есть, то они
не станут любить вас, даже если вы пожерт-
вуете для этого своим телом.

Итак, если вы решили сделать небольшую
подтяжку или изменить форму носа, то подумайте о причинах, толкнувших вас на этот
шаг. Дарите любовь своему телу до, во время
и после операции. Вот несколько необходимых аффирмаций:

У меня отличный хирург, который
прекрасно знает свое дело.

Процедура проходит быстро и легко,
все идет как надо.

Врач радуется, глядя на то, как

быстро я выздоравливаю.

Я очень довольна результатами.

Все хорошо, я в полной безопасности.

РАК ГРУДИ: ЧТО ЭТО ТАКОЕ?

Я обратила внимание на одну особенность,
касающуюся практически всех женщин с ра-
ком груди. Эти женщины, как правило, абсолютно неспособны сказать «нет». Грудь
воплощает питание, поддержку. И женщины, страдающие этим заболеванием, поддерживают всех вокруг, кроме самих себя. Им

очень сложно отказать кому-либо. Зачастую в семьях, где они росли, дисциплина поддерживалась с помощью постоянных обвинений и манипуляции. И вот девочки выросли, но продолжают отдавать, делая все, о чем бы ни попросили их окружающие. Эти женщины полностью отрекаются от себя, отвечая «да» и выполняя ненавистные для них поручения. Они отдают и отдают до тех пор, пока у них совсем не останется сил.

Поначалу вам сложно будет сказать «нет», так как окружающие вас люди привыкли к вашей безотказности. Услышав «нет» вместо привычного «да», они придут в ярость. Вы должны быть готовы к такой реакции. Каждой из тех, кто учится отказывать, придется на некоторое время смириться с гневом окружающих. Самое сложное—настоять на своем и научиться говорить «нет». Но потом не вздумайте сделать поблажку. Как только вы дадите слабину и скажете «да», из вас вновь начнут тянуть соки. Не старайтесь смягчить свой отказ извинениями. Вступив с вами в спор, из вас постараются вытащить согласие. Просто ответьте: «Нет, я не могу сделать это», «Нет, я не буду делать это», «Нет, больше я не хочу делать это». Из-за любого короткого утверждения и вполне определенного отказа ваш оппонент, конечно же, впадет в ярость. Будьте готовы к этому и знайте: его ярость не имеет отношения к вашим чувствам. Это *его, а не ваши* проблемы. Помните об одном: *когда я говорю тебе «нет», я говорю «да» самой себе.* Повторяйте эту аффирмацию про себя, и она поддержит вас в трудную минуту. Пару раз, получив от вас отказ, окружающие поймут, что в вас произошли изменения, и перестанут докучать своими просьбами.

Очень трудно бывает сказать свое первое «нет». Помню, как мне пришлось попотеть, когда я впервые смогла постоять за себя. Мне казалось, что земля уходит из-под ног, что я теряю весь мир. Но это был не конец света, просто мой мир изменился, а я приобрела самоуважение. Поймите, вам необходимо пройти через это. Окружающие, безусловно, будут злиться на вас за то, что вы перестали отдавать сверх меры. Они будут давить на вас, называть эгоистом. Знайте, их слова продиктованы злостью, ведь вы отказываетесь делать, чего хочется *им*. Вот и все. Только не забывайте о том, что, говоря им «нет», себе вы говорите «да». Этим вы разрешите свои внутренние противоречия.

Я знакома с одной женщиной, которая ушла из семьи. Она решила какое-то время пожить отдельно. Теперь ее мужу некого винить за возникающие проблемы. Женщина сняла с себя «ответственность за все». Сейчас ее мужу приходится учиться по-другому смотреть на мир. Двое ее взрослых сыновей начали уважать ее, так как она смогла постоять за себя и делает сейчас то, что хочется *ей*. Интересно следить за тем, как меняются отношения в семье. Женщине очень сложно было решиться на такой шаг, но она это сделала, и вся ее жизнь изменилась к лучшему. В жизни каждой женщины наступает день, когда она должна спросить себя: «Что же на самом деле лучше для *меня*?» Для многих женщин это абсолютно новый вопрос. Энн Лэндерс предлагает всем женщинам, страшащимся расставания или развода, задать себе следующий вопрос: «Что лучше для меня: если я уйду или если я останусь?»

НЕОБХОДИМО ЗАБОТИТЬСЯ О СВОЕМ СЕРДЦЕ

В то время как 4 процента женщин умирают от рака груди, смерть 36 процентов наступает от сердечных заболеваний. Мы очень много слышим об опасности рака молочной железы, но практически ничего — о проблемах, связанных с сердечными заболеваниями. Однако больше всего женщин умирает именно от болезней сердца. Женщины также более мужчин подвержены риску умереть от осложнений после операции на сердце.

Следите за тем, что вы употребляете в пищу. Питайтесь полноценно — энергетически ценными продуктами.

Очень важно заботиться о своем сердце. Пища с высоким содержанием жиров вредна для всех нас. Обилие жирной пищи, отсутствие физических упражнений и курение неминуемо приведут к сердечно-сосудистым заболеваниям. Однако со всем этим можно справиться. Сердечный приступ—результат нашей долгой войны против собственного сердца.

С эмоциональной стороны, сердце и кровь представляют собой любовь и радость, нашу самую первую связь с семьей. В семьях женщин с сердечно-сосудистыми заболеваниями существуют, как правило, неразрешенные конфликты, которые отнимают радость и любовь.

Такие женщины боятся впустить в свою жизнь любовь, поэтому радость и счастье никогда не наполнят их сердца. Поток жизни не может вливаться энергией в наши сердца, если мы закрыты для любви.

Эмоциональной причиной многих заболеваний становится проблема прощения. Духовные уроки прощения трудно даются многим из нас. Тем не менее эти уроки необходимо усвоить, без них не наступит полное выздоровление. Каждый из нас проходил через потери, предательства, оскорбления. Признаком духовной зрелости и мудрости является умение забывать неприятное и прощать его виновников. Что сделано, то сделано, это осталось в прошлом. Забывая о неприятном, мы разрываем цепи, сковывающие нас с прошлым, и даем себе шанс жить и творить свой мир в настоящем. До тех пор пока мы не научимся прощать, прошлое не отпустит нас и нам никогда не стать здоровыми, счастливыми, благополучными.

Все это имеет величайшее значение для всех нас, это наш самый сложный духовный урок — научиться прощать, любить себя и жить настоящим. Это излечивает сердца.

Посидите в тишине, приложите обе руки к сердцу. Посылайте ему любовь, позвольте себе почувствовать любовь к вам вашего сердца. Оно начало свой бой еще до того, как вы появились на свет, и будет вам верным спутником до последнего удара. Загляните в свое сердце — не скопилось ли там слишком много ненависти и горечи? Промойте его прощением и пониманием. Любите каждого члена своей семьи и умейте прощать. Почувствуйте, как любовь и спокойствие наполняют ваше сердце. Ваше сердце — любовь, а кровь в ваших венах — радость. Ваше сердце с любовью омывает ваше тело радостью. Все в порядке, и вы в безопасности.

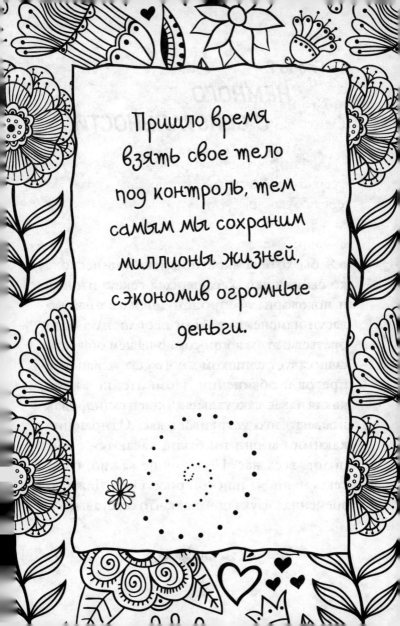

Пришло время взять свое тело под контроль, тем самым мы сохраним миллионя жизней, сэкономив огромные деньги.

Глава 7

✤ **НЕМНОГО
О СЕКСУАЛЬНОСТИ**

Я бы хотела вкратце высказать несколько своих идей, касающихся сексуальности, и поговорить о происходящих в этой области изменениях. Нам необходимо разобраться с этим вопросом. В нашем обществе существует слишком много сексуальных запретов и обвинений. Помните: не важно, какая у вас сексуальная ориентация, главное, что это устраивает вас. Отношения, какими бы они ни были, касаются обоих полов, всех нас. Поэтому не важно, гомосексуал ли вы или гетеросексуал. Даже современная наука признает, что сексуальность

> Принимая и даря любовь, мы совершенствуем свои души и излучаем положительную энергию.

и сексуальная ориентация — это нечто врожденное, а не приобретенное. Мы не вольны в своем выборе. Представьте себе, что, будучи гетеросексуалом, вы принуждены стать лесбиянкой. Как бы вы себя чувствовали? Это было бы невозможно. Точно так же чувствуют себя лесбиянки, которых заставляют вести себя как гетеросексуалы. Лично я считаю, что мы должны просить прощения у наших сестер-лесбиянок за все те унижения, которым общество подвергает их. Так поступают только животные, изгоняя из стада одного из его членов. Мы не должны унижаться и унижать других из-за несогласия в таком простом и естественном вопросе, как сексуальность. Этот социальный предрассудок вычеркивает многое из нашей жизни. Любите себя такими, какие вы есть. Господь никогда не делает ошибок.

Сегодня многие пожилые женщины, никогда бы не позволившие себе ничего подобного в прошлом, начинают вести более свободную, веселую жизнь и завязывают интимные отношения с другими женщинами. Если вы вспомните о том, что женщин в этой возрастной группе куда больше мужчин, все станет понятным. Почему мы должны обрекать себя на одиночество, когда вокруг столько невостребованной, ждущей нас любви? Интимные отношения с женщиной могут открыть нам такие глубины чувственности, о которых мы никогда даже и не мечтали. Женщины могут быть куда более любящими и заботливыми, чем мужчины. Также женщины терпимо относятся к изменениям, происходящим с нашими телами по мере того, как мы стареем.

Многие из вас могут не знать, что в Викторианскую эпоху миры женщин и мужчин (дела, политика, воспитание детей) были настолько обособлены, что женщины зачастую обращались к особам своего пола в поисках близкой дружбы. Множество страниц дневника женщины могло быть исписано подробностями отношений с подругой, и вдруг вы обнаруживаете коротенькую запись: «Прошлым вечером я согласилась выйти замуж за мистера С.». Романтические отношения также были обычным делом для молодых людей среднего класса. Никто не считал это проявлением гомосексуальности. Даже самого термина не существовало до конца XIX века. Это было время расцвета проституции: в Нью-Йорке на одну проститутку приходилось 64 мужчины, а в Саванне, штат Джорджия, — 39 мужчин.

Итак, вот что я хочу сказать: незазорно принять любовь в каждом ее проявлении. Мода на любовь меняется от страны к стране и от века

> Помните: не важно, какая у вас сексуальная ориентация, главное, что это устраивает вас.

к веку. В определенный момент существуют какие-то общепринятые нормы и правила, но со временем они изменятся. Природа предоставляет нам выбор, и мы можем воспользоваться им, если пожелаем. Если наше сердце дарит окружающим любовь, если мы хотим другим людям только добра, то мы свободны в своем выборе. Некоторые из нас могут вообще отказаться от секса—в этом нет ничего дурного. Давайте оставим предубеждения и обвинения, давайте принимать любовь. Принимая и даря любовь, мы совершенствуем свои души и излучаем положительную энергию.

Любите себя такими, какие вы есть. Господь никогда не делает ошибок.

Глава 8

❋ НЕ БОЙТЕСЬ ГОВОРИТЬ ОТКРЫТО О СЕКСУАЛЬНОМ ОСКОРБЛЕНИИ

Как часто вы становились объектом сексуальных унижений и оскорблений и сносили их молча? Как часто вы вините саму себя в том, что мужчина перешел все границы? «О, может быть, это моя вина. Может быть, я просто все преувеличила. В этом нет ничего такого уж страшного. Я знаю множество куда более неприятных вещей».

Я уверена, что нет такой женщины, которую бы не оскорбили словесно или хоть раз не ущипнули, не схватили руками мужчины, которым никто не давал на это никакого права. Но, несмотря на унижение, мы молчим. Пора научиться говорить открыто и суметь постоять за себя. Если мы не сделаем этого, то никогда уже не сможем остановить такую дикость.

Недавно в моем собственном доме произошел один весьма неприятный случай. В течение четырех лет со мной жила одна супружеская пара, которую я наняла для ухода за моим домом и моими домашними животными. Они отлично выполняли свои обязанности, все так хорошо начиналось, и я была очень довольна работой супругов-англичан. Прошло некоторое время, и я стала замечать некоторые неприятные детали. В основном это касалось мужчины. Это были пустяки, мелочи, и я поначалу не придавала им значения. Это было моей большой ошибкой. Мужчина стал лениться и почти всю работу свалил на плечи своей жены. Он, казалось, забыл, что дом принадлежит мне и что я плачу ему жалованье. Он стал вести себя в моем доме как хозяин. Он стал фамильярничать, как будто был моим близким другом. Все эти мелочи копились, и со временем его недостойное поведение стало непереносимым. Частично вина за это лежит на мне, так как я своим попустительством позволила ему перейти границы. Я стала бояться делать ему замечания. Я приучилась ходить на цыпочках, чтобы не дай бог не побеспокоить *его*, чтобы не испортить *ему* настроение.

На следующий день после моего семидесятилетия (это был замечательный праздник) я с ужасом узнала, что на дне рождения он позволял себе вольности по отношению ко многим моим подругам. Поговорив с женщинами, я обнаружила, что это длится уже более года. *И ни одна из них ничего мне не сказала.* Теперь, когда вся правда выплыла наружу, на меня обрушилась масса малоприятных сведений о поведении моего работника. Он выбрал себе несколько жертв среди других моих служащих и долгое время домогался их.

> Я делаю все, чтобы избавиться от еще остающихся во мне негативных отголосков прошлого.

Оказалось, что, когда меня не было в городе, он даже набросился на мою секретаршу в моем собственном доме! Я пришла в ужас. Как такое могло произойти с подругами и служащими Луизы Хей?! Почему они сразу не рассказали мне о происходящем? Они были напуганы, смущены—у каждой нашлась причина для молчания. Вы и сами хорошо знаете, какие бывают отговорки, так как наверняка не раз придумывали их. Я вспомнила о том, что, попадая в такую ситуацию, в которой оказались мои подруги, я и сама хотела лишь избавиться от неприятных воспоминаний, переживая молча. Смогла ли я хоть раз дать отпор своему обидчику, позвать служащего общественного порядка?

Я также узнала, что этот мужчина—мой служащий—оскорблял свою жену и она все это время прятала от меня синяки. Только подумайте, как часто мы позволяем мужчинам оскорблять нашу честь и достоинство и оставаться при этом абсолютно безнаказанными? Наш страх заставляет нас подчиняться мужчинам, быть покорными, молча сносить обиды. Поверьте, после разговора с подругами и служащими мне стало очень тяжело на сердце. А ведь это была только вершина айсберга. Я приношу извинения всем женщинам, присутствовавшим на праздновании моего семидесятилетия, за недостойное поведение моего работника.

Даже моя ближайшая подруга, у которой нет от меня никаких секретов, женщина с высокой самооценкой, всегда сохраняющая достоинство, и та не сказала мне ни слова о происходящем. При сексуальном оскорблении ее первой реакцией было отмолчаться и не поднимать шума.

В любом случае мой работник на этот раз зашел слишком далеко, и если раньше я терпела его выходки, то теперь настало время для принятия серьезного решения. Я собрала группу поддержки, так как понимала, что в одиночку ничего не добьюсь ни от него, ни от его жены. Если бы я не была полностью уверена в правдивости слов моих подруг, то поддалась бы на его обман—такое убедительное представление он разыграл, доказывая свою невиновность. Когда он понял, что его спектакль нисколько не убедил меня, то сбросил маску и показал свое истинное лицо. Он стал хамить и грубить мне. Однако, чувствуя поддержку подруг, я взяла телефонную трубку и прямо заявила ему, что набрать номер полиции не составит труда. Я потребовала, чтобы к утру их уже не было в моем доме. Хотя мои ладони были мокрыми от пота, а в горле стоял комок, я все же чувствовала свою силу. Нелегко мне было противостоять здоровенному раздраженному мужчине. Несмотря на *сочувствие* и даже сострадание, которое во мне вызывала его жена, я понимала, что она будет выгораживать своего мужа, либо все отрицая, либо сваливая вину на жертв его наглости и распутства. Очень часто жены таких мужчин становятся на их сторону, все отрицая и виня других женщин. В конечном итоге они ушли, разыграв оскорбленную невинность. Через три с половиной часа они упаковали вещи и покинули мой дом.

Одна моя подруга позвонила мне на следующий день. Ее мучили мысли о том, что, возможно, она преувеличила происшедшее, ошиблась и своими словами лишила человека работы. В конце-то концов, кто мы такие? Всего-навсего «девчонки». Имеем ли мы право высказывать собственное мнение? Что ж, вполне вероятно, мы все придумали. Достаточно мужчине заявить о своей правоте, и слово женщины ставится под сомнение. *Наша* честь и *наше* чувство собственного достоинства оскорблены, и мы же считаем себя в чем-то виноватыми. Стереотипы мешают женщинам освободиться. Мы привыкли считать себя вторым сортом, наше поведение постоянно контролировалось. И всю жизнь мы позволяем оскорблять и унижать нас. В прошлом слово, произнесенное женщиной не вовремя, могло стоить ей жизни. Даже сегодня в Афганистане за супружескую неверность забрасывают камнями до смерти. Но этот закон распространяется только на женщин—мужчинам измены прощаются.

Как только я осознала, что *именно* происходит в моем доме, то постаралась разрешить сложившуюся неприятную ситуацию. Потом я позвонила психотерапевту и записалась на прием. Хотя в прошлом я уже проходила курсы терапии, но какая-то часть моего внутреннего эго все еще поощряет недостойное поведение со стороны мужчин—если не по отношению ко мне самой, то, как оказалось, по отношению к моему дому. Я делаю все, чтобы избавиться от еще остающихся во мне негативных отголосков прошлого.

Нам необходимо повысить свою самооценку и научиться говорить «нет».

Мой врач-психотерапевт задала мне вопрос о ненависти, испытываемой в детстве к грубияну-отчиму. «Я не помню ненависти, только страх» — таким был мой ответ.

Потом она спросила: «Неужели вы ни разу не испытывали ненависти, желания отплатить ему той же монетой?» Она никогда не сможет понять, что чувствует оскорбленная, униженная девочка. Ежедневные побои и издевательства заменяли мне воспитание. Я боюсь даже представить, что сделали бы со мной, попытайся я *отомстить*. Нет, я не помню ненависти, только страх. Страх и террор.

Повиновение и беспрекословное подчинение в меня вбили с детства, и я едва не потеряла надежду на лучшее. Девочки, которых с детства воспитывали кулаком, вырастают в женщин. Но внутри каждая из них остается маленьким запуганным ребенком. Такое нередко случается даже в самых крепких, порядочных семьях. Унижение и оскорбление маленьких девочек считается чем-то само собой разумеющимся. С раннего возраста—еще со школы, а возможно, и раньше—девочек необходимо приучать *говорить* обо всех случаях сексуального оскорбления. Если женщины хотят создать для себя мир, где бы мы чувствовали себя в безопасности, то должны изменить свои стереотипы. Порой это трудно, но тем не менее необходимо. Уволив своего наглого и грубого работника, я поступила так, как никогда бы не смогла поступить, будучи ребенком. *Я постояла за себя.*

На своем рабочем месте я создала спокойствие, уверенность и гармонию. Все мои служащие счастливы работать под моим началом и повсюду говорят о том, что очень приятно иметь дело с Луизой Хей. Бывший организатор профсоюзов недавно сказал мне, что никогда не видел таких счастливых складских рабочих. Но вот у себя дома я позволила сложиться весьма неприятной ситуации, так как не придала должного значения тревожным симптомам и по той или иной причине не захотела поднимать шум.

В какой-то мере я даже рада, что со мной произошел этот неприятный случай. Теперь я не побоюсь высказаться вслух. Я буду говорить от имени *всех* женщин, со *всеми* женщинами. Я буду говорить, потому что если я промолчу, то и другие не скажут ни слова. Всех мужчин мы считаем непререкаемыми авторитетами, а всех женщин — жертвами. Так нас воспитали, с сознанием того, что мы ничего не в силах изменить. Нас постоянно оскорбляли, унижали, отнимали у нас честь и достоинство. Мы боролись за наши права, и мы победили в этой борьбе, но до сих пор боимся высказаться, когда дело касается сексуальных оскорблений. Нас так долго держали в подчинении, что сейчас нам надо быть очень бдительными и не позволять мужчинам преступать определенные границы. Нас приучили заботиться о мужчинах — об отцах, о друзьях, о начальниках, о мужьях. Мы долгое время жили по установленным мужчинами правилам и теперь считаем это естественным и нормальным. Приучайтесь звонить во все колокола, если вас оскорбили. Мы продолжаем молчать, испытывая неловкость и стыд, а ведь это не нам должно быть стыдно. Множество женщин подвергается насилию над личностью, множество детей растет в такой обстановке. Как нам бороться с подобным отношением к женщине? В первую очередь мы должны осознать, что *можем* это прекратить — если не будем молчать. Женщины позволили мужчинам перейти границы — во власти женщин не допустить этого. Если бы женщины своим молчанием не попустительствовали поведению мужчин, они не посмели бы оскорблять нас.

Мы не должны больше позволять так поступать с нами.

Мы должны научиться говорить «нет», если хотим, чтобы мужчины почувствовали происшедшие внутри нас перемены. Тогда они поймут, что им не все дозволено. Наше молчание наносит огромный вред всем женщинам. Вот уже 25 лет, как женщины вступили в борьбу за свои права, а все еще нередко мы подвергаемся сексуальным оскорблениям со стороны мужчин — словесным или физическим. Это считается чем-то естественным в офисах, на рабочих местах. Мы, женщины, должны бороться с этими пережитками потребительского к себе отношения. Нельзя позволять окружающим оскорблять и унижать нас. Давайте расскажем правду, давайте раскроем наши тайны — все, что мы держали в себе. Открыто заговорив о происходящем, мы пресечем подобное поведение. Отношение к нам мужчин изменится, когда они поймут, что им не остаться безнаказанными. Не потакайте мужчинам, это бесчестит вас, бесчестит *всех* женщин. Сегодня у нас есть права, мы имеем возможность постоять за себя и должны ею воспользоваться. Чем больше женщин не побоится высказаться, тем меньше места для лжи останется в нашем обществе.

Нам необходимо поставить поведение мужчин в определенные рамки. Нам необходимо добиться уважения к себе. Что нужно сделать для этого? В первую очередь мы должны четко представлять себе, чего мы *хотим*, а чего *не хотим*. Иногда мы просто не замечаем угрожающих симптомов, и следующая за ними развязка становится для нас неожиданной и шокирующей. Сексуальные оскорбления имеют продуманный мужчинами сценарий. Наши действия контролируются, нами манипулируют. И мы молчим. Молчим, потому что боимся потерять работу. Не хотим мутить воду, потому что боимся ряби. Мы молчим даже тогда, когда мужчины, занимаясь с нами любовью, не надевают презерватив.

Мы *хотим* сказать им, да и не просто сказать, а закричать во весь голос: «Я уважаю себя, я не позволю тебе подвергать меня риску. Надень презерватив — или проваливай!» Но разве мы произносим эти слова вслух? Если и да, то очень редко — из-за страха, неловкости, стыда.

Мы молчим, как скот, который ведут на бойню. Мы стыдимся высказаться вслух. Мы боимся кругов на воде, которые оставляет брошенный камень. Над нами смеются, унижают, оскорбляют, из нас делают виновников происходящего. Мы привыкли молча сносить обиды. «Молчите, не поднимайте шума», — говорят нам, и мы позволяем и дальше оскорблять нас.

Нам, женщинам, необходимо уравнять силы. Насилие и сексуальное оскорбление — вот две сферы, где женщины наиболее уязвимы. Нам необходимо научиться здраво подходить к подобным ситуациям, быть очень точными и бдительными, а не слабыми беззащитными жертвами. Не следует превращаться в злобных сучек, огрызающихся на каждого проходящего мужчину. Мы—женщины, нуждающиеся в любви и защите, но тем не менее с неженской силой отстаивающие свои права.

Нам необходимо повысить свою самооценку и научиться говорить «нет». Нужно внимательно следить за всем происходящим вокруг нас, чтобы не пропустить угрожающих симптомов. Присмотритесь к отношению мужчины, обратите внимание на тревожащие вас мелочи, дайте ему понять, что не потерпите непристойного поведения. Зовите на помощь, держите ситуацию под своим контролем. Мужчины, чувствуя свою безнаказанность, будут с каждым разом позволять себе все больше и больше. Необходимо в корне пресекать любые вольности, не давая им развиться в действительно серьезную проблему. Мужчина преступил границы дозволенного—немедленно скажите ему, что не потерпите этого впредь. Будьте готовы к тому, что он станет все отрицать. Мужчины умеют оправдываться: «Кто? Я? Да я бы себе никогда не позволил ничего подобного! Никогда в жизни!» Некоторые мужчины действуют так быстро и уверенно — настоящие профессионалы. Принимая их извинения, мы тем самым потакаем их поведению. Потом мы уже не в силах что-либо изменить. Промолчав, мы отдаем им свою силу. Пора раскрыть свои тайны, заговорить о том, о чем мы так долго молчали. Мы привыкли ходить на цыпочках, покрывать виновников, заботиться о них. Пришла пора наконец-то позаботиться и о себе.

Я не могу ответить на все вопросы, но я, по крайней мере, не побоюсь высказаться вслух. В каждом своем публичном выступлении я обязательно коснусь этой темы. Я буду убеждать женщин действовать, бороться, говорить, кричать и, если придется, устраивать мужчинам неприятности — они этого заслуживают. Все вместе мы сможем справиться с этой проблемой уже в своем поколении. Мы

> *Пора научиться говорить открыто и суметь постоять за себя.*

можем избавить своих дочерей от сексуальных оскорблений.

Пора женщинам научиться ценить и уважать себя. Необходимо уметь защититься, постоять за себя и свои права. Точно так же как мы готовы к немедленным действиям по сигналу тревоги, мы должны тотчас же реагировать на сигналы сексуального оскорбления. Всем женщинам необходимо повышать самооценку, развивать самоуважение и учиться любить себя. Без этого мы никогда не сможем добиться к себе уважения и любви со стороны окружающих.

Надо научиться устанавливать энергетический барьер — мысленный щит, под защитой которого мы будем чувствовать себя в безопасности. Для этого необходимо представить себя в конкретной ситуации—дома, на работе, на улице. Подумайте, какие сферы вашей жизни остались незащищенными. Обещайте себе исправить это. Мысленно представьте, как бы вам хотелось действовать в определенной ситуации,—ваши мысли в нужный момент материализуются. Повторяйте про себя аффирмации. Это поможет вам начать новую жизнь. Улучшая свой мир, мы изменяем будущее, на своем примере учим своих дочерей.

Чтение специальной литературы поможет вам понять, чего вы ждете от жизни. Вы сможете постоять за себя, научитесь бороться, а не просто плыть по течению. Повторяйте про себя, как бы вы хотели видеть какую-либо ситуацию и свою роль в ней. Когда у нас есть хорошо продуманный, хорошо спланированный план действий, то мы чувствуем свою силу. Необходимо осознать, что, повышая самооценку, относясь к себе с любовью и уважением, мы мобилизуем силы для борьбы. Мы не должны делать что-то такое, чего мы не хотим.

Мы должны дать понять окружающим людям, какого отношения к себе ждем с их стороны. Нам необходимо научиться говорить «нет» каждый раз, когда нас пытаются оскорбить. «Вы должны уважать меня, если хотите и дальше со мной общаться»,—вот те слова, которые мы должны сказать мужчинам. Они должны понять, что наше дружелюбие не причина для вседозволенности. Когда жених в ночь накануне свадьбы спит с подружкой невесты или с ее сестрой, то это самое настоящее оскорбление для всех нас. Мужчина играет с женщинами в царя горы.

Не попадитесь на крючок ловеласа. Будем умными и хитрыми. Этакие женские угодники используют женщин и потом бросают их на произвол судьбы и на посмешище другим мужчинам. От женщин часто можно услышать: «О, но он такой милашка». Однако это не причина для недостойного поведения. Мы оборачиваемся им вслед, одариваем их восхищением, а они—просто юбочники, оскорбляющие и унижающие женщин. В мужчинах мы должны чтить положительные черты характера, а не потакать их наглости и распутству. Где будет «милашка», когда нам придется в одиночку растить его детей?

Злость ко всем женщинам зачастую рождается от плохих отношений с матерью. Не завязывайте отношений и уж тем более не выходите замуж за мужчину, ненавидящего свою мать, потому что со временем вся его ненависть выплеснется на вас. Если он проходит лечение у психотерапевта, тогда еще не все потеряно, если же нет—то он навсегда возненавидит всех женщин. До тех пор пока мы своим молчанием одобряем поведение мужчин, они не перестанут унижать и оскорблять нас. Мужчина будет так вести себя дома с женой, в семье — с матерью. На работе, на улице, в обществе отнимать у женщин их силу и будущее.

Как я уже отмечала раньше, я понимаю, что мужчинам тоже нелегко в этой жизни, но это не значит, что я позволю им унижать меня. И больше никогда я не стану молчать. Я сделаю все от меня зависящее, чтобы помочь женщинам!

АФФИРМАЦИИ

Меня ценят по достоинству.

Ко мне относятся с уважением.

Я сильная.

Я поддерживаю других женщин.

Я не боюсь постоять за себя.

Я не стесняюсь высказаться.

По отношению ко мне существуют

определенные границы, которые
окружающие не переходят.
Со мной считаются.

Я не боюсь неприятностей, если без
этого не обойтись.

Я чувствую поддержку подруг.

Я цельная личность.

Чем больше я раскрываюсь, тем
увереннее себя чувствую.

У меня высокая самооценка.

Своим примером я помогаю другим женщинам.

У меня прочный энергетический щит.

Мужчины относятся ко мне с уважением.

Я возвращаю свою силу.

Я люблю и уважаю себя.

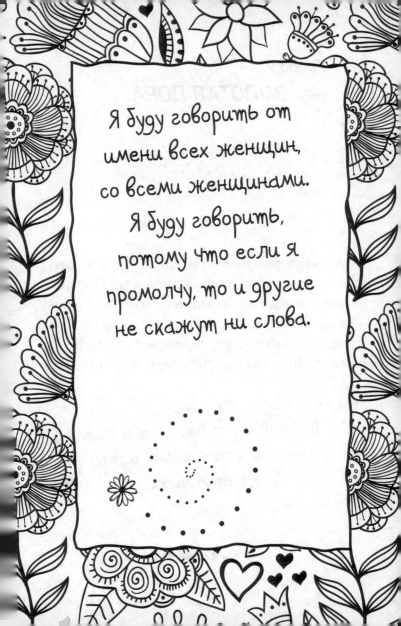

Я буду говорить от имени всех женщин, со всеми женщинами. Я буду говорить, потому что если я промолчу, то и другие не скажут ни слова.

Глава 9

 **ЗОЛОТАЯ ПОРА**

Достаточно разговоров о жизни молодых, об их культуре, моде, проблемах! Пора помочь пожилым женщинам изменить свою жизнь, занять достойное положение в обществе, найти себя. Я хотела бы, чтобы все женщины поняли, что с возрастом они станут

Каждый год — это пустой лист бумаги, и нам самим писать на этом листе.

мудрее, научатся любить, ценить и уважать себя и окружающих и найдут свое место в жизни. Я не хочу умалить молодежь, но надеюсь на равноценность и взаимоуважение обоих поколений.

Большинство пожилых женщин сегодня— бедные, одинокие, запуганные и обреченные существа, доживающие свой век. Мне обидно смотреть на них. Старость может пройти совсем по-другому. Общественное мнение, навязанное нам за всю нашу жизнь, негативные убеждения, внедрившиеся в наше сознание, мешают нам достойно провести нашу старость. Нас заставили поверить в то, что с возрастом мы становимся хилыми, дряхлыми, больными. Пора понять, что это не так. Да, мы все когда-нибудь постареем и умрем, но это не значит, что мы станем хилыми, дряхлыми и больными.

Не надо бояться старости. Пришла пора отвергнуть общепринятые убеждения—они не для нас. В наших силах изменить негативные аспекты жизни в пожилом возрасте. Я считаю, что вторая половина нашей жизни может стать ее лучшей половиной. Если вы готовы к тому, чтобы изменить свое мышление и принять новые идеи, то пожилые годы станут сокровищницей вашей жизни. Если вы хотите и в старости быть здоровыми и счастливыми, то все в ваших руках. Мы стремимся не только к долголетию, мы хотим, чтобы наша старость была такой же полной и насыщенной, как и наши молодые годы. Каждый год—это пустой лист бумаги, и нам самим писать на этом листе.

Раньше наша жизнь была очень коротка. Ее продолжительность составляла сначала всего лишь пару десятков лет, потом—30, чуть позже—40. В начале XX века пятидесятилетняя женщина считалась долгожительницей: в 1900 году средняя продолжительность жизни составляла 47 лет. Сейчас же мы живем по 80–90 лет. Почему бы нам не дать себе установку на более долгую жизнь? До 120 или, скажем, до 150 лет?

На самом деле это не так уж и сложно. В последующих поколениях более долгая жизнь становится естественным, нормальным явлением. Я думаю, что скоро 75 лет будет считаться средним возрастом. Несколько лет назад в одном университете проводились исследования, связанные со старением. Исследователи обнаружили, что средний возраст (какую бы цифру мы ни назвали)—это возраст, в котором в нашем организме начинается процесс старения. Так как наше физическое состояние зависит от нашего сознания, то тело подчиняется разуму. Вместо того чтобы принимать 45–50 лет за средний возраст, давайте увеличим эту цифру до 75 лет. Наш организм охотно откликнется на новую умственную установку. Средний возраст сдвинется, отодвинув нашу старость.

В центре демографических исследований в Дураме, Северная Каролина, ученые пришли к выводу, что при современных темпах увеличения средней продолжительности жизни она вскоре достигнет 130 лет. В 1960 году число доживших до 100 лет составляло всего лишь 3500 человек, в 1995 — уже 54 000. Это быстрорастущая возрастная группа. Исследования доказали, что нет точной возрастной отметки, на которой обрывалась бы человеческая жизнь. Жизнь не имеет границ. Кроме того, исследователи выяснили, что среди долгожителей большинство — женщины.

Многие поколения женщин позволяли цифрам, обозначающим года, руководить своей жизнью: диктовать манеру поведения, состояние здоровья. Старение — это жизненный процесс, неотъемлемая часть нашего существования. Наши негативные убеждения, связанные с пожилым возрастом, воплощаются в жизнь. Так давайте же изменим свои убеждения! Я уверена, что, принимая новые идеи, мы встретим старость здоровыми, энергичными и счастливыми.

> Я уверена, что, принимая
> новые идеи, мы встретим старость
> здоровыми, энергичными
> и счастливыми.

Мне сейчас 70 лет, но я полна сил и здоровья. Во многом я чувствую себя даже моложе, чем когда мне было 30 или 40 лет. Многие запреты и ограничения общества не распространяются на пожилых людей, поэтому сейчас я вздохнула с облегчением. Я вольна делать все, что мне вздумается. Мне не нужно, чтобы мои поступки кто-то одобрил,— я больше не боюсь общественного мнения. Я получаю от жизни гораздо больше, чем раньше. Я иду по жизни с высоко поднятой головой, потому что с возрастом мою жизнь покинули многие заботы и проблемы. Меня больше не угнетает чей-то оценивающий или осуждающий взгляд. Короче говоря, впервые в жизни я ставлю на первое место *себя* и *свои* интересы. И это на самом деле здорово!

Когда я говорю о долгой жизни, многие женщины приходят в ужас: «К чему все эти лишние годы одиночества и болезней?» Ну не удивительно ли, что как только в нашу жизнь входят новые идеи, наше сознание тут же создает свои барьеры и преграды на их пути? Незачем готовить себя к бедности, болезням, одиночеству и смерти на больничной койке. Если именно эти явления окружают нас, то лишь благодаря закоснелым негативным убеждениям прошлого. Наши сегодняшние мысли и верования создают завтрашний день. Мы всегда можем поменять свои убеждения. Когда-то люди верили в то, что Земля плоская, мы же сейчас можем только посмеяться над этим.

Как я уже говорила раньше, наша жизнь проходит множество этапов развития. Сейчас перед нами открылись новые рубежи. Женщины, рожденные в период с 1946 по 1964 годы, тоже стояли на пороге важных измене-ний в сознании. Сегодня многие пятидесяти-летние женщины находятся в отличной физи-ческой форме. Мужчины не отстают от них. Большинство женщин и мужчин, живущих сегодня, достигнут 90 лет. Сегодня, когда мы знаем, что у жизни нет границ и продолжи-тельность нашей жизни зависит от нас самих, мы должны принять новые идеи о старении и воплотить их.

С изменением продолжительности жизни придется многое изменить в структуре обще-ства, например пенсию, страховку, медици-ну. Но эти изменения возможно произвести. Да, это период серьезных изменений для всех нас. Невозможно улучшить жизнь, продолжая жить по-старому. Пора привыкать к новым идеям, новому мышлению и новому стилю жизни.

Даже дома сейчас очень быстро выходят из моды, так как они перестали отвечать современным потребностям и не соответствуют желаниям людей. Нам необходима новая архитектура, новые дома. Дома престарелых, со всеми их процедурами и правилами, и пансионаты для пожилых людей отрезают их от общества. Где дети и внуки? Где радость и смех? Я считаю, что пожилым людям необходимо общение. Дома для двух семей, каждая из которых живет собственной жизнью, но бок о бок друг с другом, — неплохой выход. Дома для четырех семей, где две семьи живут на верхнем этаже и сдают нижние комнаты, получая тем самым дополнительный источник дохода, — тоже хороший вариант. Это поможет сблизиться взрослым и детям.

Мы должны любить свое тело в любом возрасте, но это становится особенно необходимым, когда мы начинаем стареть.

Возясь с детьми, пожилые люди сами дольше остаются молодыми, дети же, в свою очередь, набираются ума-разума от старшего поколения. Живя если и не вместе, то хотя бы рядом друг с другом, мы сможем принести большую пользу обществу.

Последние пару лет я получала множество писем от различных организаций для пожилых людей, приглашавших меня переселиться к ним. Каждое такое письмо уведомляло, что в самом общежитии или рядом с ним имеется центр медицинского обслуживания. Составители брошюр использовали фразы типа: «вы сможете воспользоваться услугами опытных сиделок», «предлагаем медицинское обслуживание», «круглосуточный центр медицинского обслуживания», «медицинские обследования и ежедневные осмотры». Между строк я читала: КОГДА вы заболеете, мы поможем вам. ЕСЛИ вам станет плохо, мы будем рядом». Таким образом, пожилым людям внушают, что они ОБЯЗАТЕЛЬНО заболеют.

Хотелось бы увидеть дом для престарелых, где бы располагался центр нетрадиционной медицины. Вместо докторов и сиделок там смогли бы предложить методы определения заболеваний по линиям руки или сетчатке глаза, иглоукалывание, гомеопатию и методы традиционной японской медицины, лечебные травы, массаж, йогу, оздоровительный центр, спортзал. Вот в таком центре для пожилых людей мы могли бы вести здоровую, энергичную жизнь и не бояться приближающейся старости. Из такого центра не пришлось бы рассылать пригласительные письма, люди записывались бы в очередь, чтобы попасть туда. Такими я хотела бы видеть центры будущего.

Боготворя молодость, мы еще хуже начинаем относиться к своим стареющим телам, боимся каждой новой морщинки на лице. К каждой перемене в нашем организме мы привыкли относиться с презрением. Разве мы заслуживаем такого отношения к себе? Однако наше негативное отношение — это наши мысли, а их мы можем изменить. То, как мы видим свое тело, свое лицо, — это приобретенные, навязанные нам идеи. Нам необходимо отбросить ложные убеждения и научиться любить и ценить свой организм, свое тело — вместилище нашей души.

Молоденькая девушка почти наверняка найдет причину, чтобы с презрением относиться к своей внешности. На самом же деле ее проблема не имеет к внешности ни малейшего отношения. Находясь под постоянным давлением рекламы, мы начинаем верить, что мы недостаточно красивы, недостаточно стройны, недостаточно высоки. Если бы только я была блондинкой, если бы только мой нос был чуточку поменьше (или побольше), если бы у меня была ослепительная улыбка... И так далее. Даже когда мы были молоды, далеко не все из нас могли похвастаться соответствием стандартам красоты.

С возрастом это чувство неполноценности не только не исчезает, но, наоборот, усиливается. Как сказала Дорин Виртью, «мы умудряемся сравнить *свои* внутренние чувства с *их* внешностью». Это значит, что мы сопоставляем свое *отношение* к собственной внешности с внешностью других женщин. Это чувство внутренней неудовлетворенности собой не излечат ни новомодный макияж, ни стильная одежда, ни дорогая обувь, ни элегантные прически. Работа с аффирмациями, помогающими нам изменить как сознательный, так и подсознательный уровни мышления, намного эффективнее. Повторяйте аффирмации типа «Я красива уже такая, какой меня создала природа», «Мне ничего не надо менять в своей внешности», «Я обожаю свою внешность».

Для нас жизненно необходимо любить и ценить себя. Если что-то в вашей внешности очень сильно не устраивает вас, то постоянно посылайте любовь этой части своего тела.

Говорите своему телу, что вы его любите. Извинитесь перед ним за свою прошлую ненависть. Все это кажется слишком простым, но это на самом деле достаточно эффективный метод. Мы должны любить свое тело в любом возрасте, но это становится особенно необходимым, когда мы начинаем стареть.

Кароль Хансен советует всем женщинам отводить ежедневно пять минут на массаж тела с лосьоном, во время которого необходимо говорить о своей любви каждой части тела и благодарить ее за то, что она так здорово служит вам. Доктор Дипак Чопра (автор книги «Нестареющее тело, безграничный разум») предлагает массировать тело с головы до пят перед душем и использовать для этого кунжутное масло. На любовь все (и люди, и вещи) ответят вам любовью. Любовь, которую вы подарите себе, останется с вами до конца жизни. Точно так же как мы научились ненавидеть свое тело, мы должны научиться любить его. Для этого нужно только желание и немного практики.

> Не надо бояться старости. Я считаю, что вторая половина нашей жизни может стать ее лучшей половиной.

Иногда, для того чтобы принять новые мысли и идеи, нам необходимо расчистить для них место, избавившись от негативных убеждений. Точно так же мы иногда выкидываем старый ненужный хлам, скопившийся за долгие годы. Множество пожилых людей привыкли хранить старье, им жаль с ним расстаться. Если в вашем доме накопились вышедшие из употребления вещи, которыми никто не пользуется, выкиньте их. Отдайте бездомным или тем, кому эта вещь действительно пригодится, устройте благотворительный аукцион. Обновите свою жизнь, начните сначала, очистив от старого хлама свой дом и свое сознание. Вперед—к новой жизни!

ВАС ЖДЕТ СВЕТЛОЕ БУДУЩЕЕ

Годы летят, но это не значит, что наша жизнь автоматически ухудшается со временем. Моя жизнь, любой ее аспект, развивается только в нужном мне направлении. Многое в моей жизни устраивает меня сейчас даже больше, чем в молодости. Моя юность омрачалась постоянными страхами, сейчас же я спокойна и уверена в себе.

Я и вправду считаю, что мы можем избавиться от своих страхов. Их, как и предубеждения, внедрили в наше сознание. Нас запрограммировали на страх. Но его, как и любое негативное убеждение, можно искоренить. Негативное мышление так распространено среди женщин пожилого возраста, что в результате они начинают видеть свою жизнь в черном цвете.

Я хочу помочь вам составить правильное представление о старости, понять, что пожилые годы могут стать лучшими годами вашей жизни. Знайте, что вас ждет светлое будущее, независимо от вашего возраста. Нанизывайте годы на нить вашей жизни, как драгоценные камни. Вы можете стать *Леди совершенство*, не важно, сколько вам лет. Знайте, вы можете быть сильной, здоровой, энергичной, принимать активное участие в жизни общества.

Посидите в тишине, загляните внутрь себя. Припомните все счастливые моменты вашей жизни, и пусть радость наполнит все ваше существо. Припомните все случаи жизни, когда вы были на высоте, когда вы гордились собой, даже если эти эпизоды довольно незначительны. Пусть радость и уверенность, пришедшие с воспоминаниями, не покинут вас. Теперь мысленно перенеситесь на десять лет вперед. Какой вы стали, чем вы занимаетесь? Как вы выглядите, как чувствуете себя? Не покинула ли радость вашу жизнь? А теперь загляните еще на двадцать лет вперед. Что вы видите? Вы по-прежнему энергичны, вы не потеряли интереса к жизни? Вы видите себя в окружении любящих друзей? Вы ощущаете себя полноценным членом общества? Что вы получаете от жизни и что даете взамен? Вы должны представить себе образ вашего будущего и воссоздать его в дальнейшем. Наполните этот образ здоровьем, радостью, светом. Вы сами можете создать свое будущее таким, в котором бы вам хотелось жить.

Никогда не предавайтесь мыслям о том, что вы слишком стары для мечтаний и устремлений. Новые цели, новые надежды и мечты делают нас моложе, придают жизни смысл. Живите полной жизнью и позабудьте о прошлом.

Моя собственная жизнь приобрела смысл лишь тогда, когда мне стукнуло сорок. В пятьдесят я начала печататься, но в первый год прибыль от моей компании составила всего-навсего 42 доллара. В пятьдесят пять я открыла для себя компьютерный мир. Поначалу компьютеры пугали меня, но я пошла на курсы и преодолела свой страх. Сейчас у меня три персональных компьютера и ноутбук, без которого я не отправляюсь в дорогу. В возрасте 60 лет я занялась садоводством. В тот же период времени меня привлекла живопись, и я стала посещать занятия детского художественного кружка. Сейчас мне семьдесят, и с каждым годом я все больше раскрываю свой творческий потенциал, моя жизнь становится полнее и интереснее. Я пишу, выступаю с лекциями, рисую. Я очень много читаю и постоянно расширяю свой кругозор. Я стала владелицей большого издательского дома. Я все так же занимаюсь садоводством, выращивая в своем саду овощи и фрукты. Плоды моего сада и огорода составляют значительную часть моего рациона. Я люблю людей и обожаю вечеринки, у меня много друзей, я часто путешествую и раз в неделю хожу на занятия художественного кружка. Моя жизнь полна интересных событий, а мой возраст продолжает преподносить мне приятные сюрпризы.

Многие из вас, как и я, уже отметили свое семидесятилетие. В этом возрасте пора пересмотреть свои взгляды на жизнь. Свои пожилые годы мы можем провести совсем не так, как наши родители несколько десятилетий назад. Мы с вами можем жить по-своему, по-новому. Мы можем изменить все существующие правила. Используя свои внутренние ресурсы, мы можем смело шагать в будущее—нас впереди ждет только хорошее. Мы должны знать: что бы ни случилось, все происходит к нашему высочайшему благу и несет с собой радость и счастье. Мы должны верить: что бы мы ни сделали, все правильно.

Вместо того чтобы стареть в одиночестве и нищете, мучиться от сознания собственной бесполезности и умереть, давайте научимся брать от жизни лучшее и отдавать еще больше ей взамен. У нас есть необходимые знания, у нас достаточно времени, сил и ума, чтобы создать мир любви и красоты. Сегодня в обществе происходят важные перемены. Существует множество проблем, носящих глобальный характер, которые необходимо разрешить. Давайте используем свои силы и знания, чтобы помочь нашей планете. Должна быть причина, по которой человеческая жизнь удлинилась. Для чего природа отвела нам это дополнительное время? В чем состоит наша задача, наш долг перед Вселенной? Никчемное существование быстро надоедает. Нам необходимо действовать.

Если вы сами, ваши подруги или просто знакомые приходят в центры для пожилых людей не для того, чтобы жаловаться на самочувствие, соберитесь вместе и подумайте, как бы вы могли изменить свою жизнь. Что вы можете сделать, чтобы всем вокруг жилось лучше? Ваш личный маленький вклад имеет огромное значение. Если каждый сделает хотя бы немного, жизнь значительно изменится к лучшему.

Принимая более активное участие во всех сферах общественной жизни, мы поделимся с окружающими своими знаниями, своим теплом и заботой. Наш мир наполнится добротой, лаской и любовью. Я заклинаю вас: шагайте вперед, общайтесь с другими людьми, действуйте, живите! Перед вами множество способов использовать свои силы. Пусть вами гордятся ваши дети, внуки и правнуки и пусть память о вас переживет много поколений.

Детям в школе очень часто задают такой вопрос: «Что вы будете делать, когда станете взрослыми?» Их учат планировать свое будущее. Нужно использовать этот подход и точно так же планировать свою старость. Что вы будете делать, когда постареете? Я постараюсь сделать максимальный вклад в жизнь общества и улучшить свой мир. Мэгги Кун, глава группы активистов под названием «Серые пантеры», говорила: «Я хочу умереть в аэропорту с чемоданчиком в руке, возвращаясь домой после отлично выполненной работы».

Не важно, в каком возрасте — 14, 40 или 80 лет, мы всю жизнь от рождения движемся к смерти. Все наши мысли, поступки, слова готовят нас к следующему шагу в будущее. Мы должны жить с целью и умереть не напрасно. Задайте себе следующий вопрос: «Как я буду стареть?» Оглядитесь вокруг себя. Есть женщины, которые принимают года с великолепным достоинством, есть женщины, сгибающиеся под тяжестью лет. В чем же дело? Хотите ли вы приложить усилия, чтобы и в старости оставаться здоровой, счастливой, энергичной и активной женщиной?

Следующий вопрос: «Как я хочу умереть?» Мы довольно много рассуждаем обо всех других аспектах нашей жизни, но очень редко задумываемся о смерти, а если и вспоминаем о ней, то со страхом. Независимо от того, как ваши родители покинули этот мир, вы сможете с легкостью уйти из жизни. Как вы готовитесь к смерти? Вы хотите умереть на больничной койке, больной и беспомощной, утыканной иглами и напичканной лекарствами? Или в свой последний день на планете вы предпочли бы повеселиться с друзьями, прилечь вздремнуть и не проснуться? Я, безусловно, предпочитаю второй вариант и готовлю себя к такому концу. Если вы сейчас не можете думать о смерти спокойно, без страха, то ваше видение всегда можно изменить. Нужно воспринимать уход из мира как легкую, приятную перемену состояния.

Планетарное или глобальное исцеление приходит только с осознанием того, что наш внутренний мир—отражение нашего жизненного опыта. Важной частью любого процесса, а тем более процесса исцеления, является связь с жизнью. Нам необходимо установить энергетический канал между своим существом и Вселенной, научиться отдавать жизни часть своей позитивной исцеляющей энергии. Если энергия «застаивается», это вредно для нашего организма—мы должны делиться друг с другом. Процесс исцеления нельзя прерывать. Начните делиться своей энергией, дарите любовь уже сейчас, не дожидаясь полного выздоровления. Иначе вы заблокируете канал целительной энергии, которой жизнь питает вас.

Фразы типа «О, я слишком стара, чтобы браться за такое» останутся в прошлом. Пожилые люди научатся «браться» за все те вещи, которые, по мнению окружающих, им не по силам. Слишком старыми люди будут чувствовать себя лишь незадолго до смерти. До последнего дня мы будем оставаться активными, полными жизненной энергии.

В Далласе я познакомилась с группой женщин в возрасте от 62 до 80 лет. Они занимались каратэ. И не только для собственного удовольствия—они выступали со своей программой под названием «Стальные магнолии». Их группа ездила по домам для престарелых, на собственном примере демонстрируя, что каратэ может стать спортом для пожилых людей. Эти женщины могут защитить себя в любой ситуации.

Путешествуя по стране, я узнала, что существуют группы женщин, занимающихся игрой на бирже. И делают они это весьма успешно. Такая группа в Иллинойсе даже выпустила книгу—«Справочник для женщин: во что вкладывать денежные средства». Это издание разошлось тиражом в 300 000 экземпляров.

Недавние исследования, проведенные в Пенсильвании, показали, что комплексы упражнений по снижению веса оказывают омолаживающее действие на организм пожилых людей в возрасте 80–90 лет. Под воздействием физических нагрузок укрепляются одряхлевшие за годы бездействия мышцы. Немощность, зачастую связываемая с пожилым возрастом, на самом деле является результатом отсутствия необходимых упражнений. Люди в возрасте 90 лет могут по крайней мере утроить свою физическую силу и выносливость менее чем за два месяца. Активные упражнения также оказывают стимулирующее воздействие на работу мозга.

Мозг атрофируется и погибает только тогда, когда мы перестаем пользоваться им. До тех пор, пока мы тренируем свой мозг различными умственными упражнениями, пока не угасает наш интерес к жизни, разум не подведет нас. Если мозг не получает необходимой нагрузки, его клетки постепенно отмирают, наша жизнь становится серой и скучной. Люди, не утруждающие себя элементарными физическими упражнениями и постоянно жалующиеся на недуги, влачат жалкое существование.

Все исследования, касающиеся состояния здоровья пожилых людей, проводились фармацевтическими компаниями. Ученые делали акцент на болезнях, на плохом самочувствии, выясняя, какие лекарственные препараты нужны престарелым. Для таких исследований нет необходимости, когда дело касается здоровых, счастливых, энергичных и активных пожилых людей. Они живут полной жизнью и получают от нее максимум удовольствия. Мы должны понять, как им удается сохранять бодрость и здоровье, чтобы самим последовать их примеру. К сожалению, фармацевтические компании не получают ни копейки от здоровых людей, поэтому им невыгодно тратить деньги на подобные исследования.

Не важно, сколько нам лет, не важно, какие проблемы омрачают наше существование, мы можем изменить свою жизнь к лучшему. И начать надо прямо сейчас. Начав с любви и уважения к самим себе, мы научимся любить и ценить других людей. С каждым днем прибавляя чуточку любви к себе, мы все больше раскрываемся для любви окружающих, учимся принимать ее. Законы любви требуют, чтобы мы фокусировали свое внимание на *наших* желаниях. Думайте позитивно, не поддавайтесь отрицательным мыслям. Концентрируйтесь на любви к себе. Используйте аффирмацию: *«В это мгновение я очень люблю себя»*.

Если мы хотим, чтобы нас уважали и ценили, когда мы постареем, то должны так же уважать и ценить других пожилых людей. То, как мы сейчас относимся к старикам, станет в будущем отношением к нам самим. Необходимо не только прислушиваться к словам всех пожилых людей, но особенно следовать мудрым советам здоровых, энергичных женщин старшего поколения. Мы можем многому от них научиться. Эти женщины дарят окружающим свои знания, свою энергию, свою любовь. Жизнь для них—дорога к самосовершенствованию. Вместо того чтобы стареть, они лишь становятся более зрелыми и более мудрыми. <...>

Аффирмации помогут вам внести в свое сознание позитивные изменения. Аффирмации—это все наши мысли и слова, и когда мы говорим об использовании аффирмаций, то подразумеваем создание позитивных убеждений, которые перепрограммируют наше сознание и помогают нам принять новые, свежие идеи. Выберите аффирмации, которые помогут вам и в пожилые годы сохранить здоровье, бодрость, радость жизни. Повторяйте их каждый день—утром и вечером. Чтобы ни произошло в течение дня, пусть он начнется и закончится позитивной нотой.

АФФИРМАЦИИ

Впереди у меня целая жизнь.

Я молода и красива...

в любом возрасте.

Я вношу большой вклад в жизнь
общества.

Я несу ответственность за свое
благосостояние, здоровье, будущее.

Все окружающие меня люди
относятся ко мне с уважением.

Я уважаю и ценю детей и взрослых.

Каждый новый день я встречаю
энергичной и радостной женщиной.

Я беру от жизни все самое лучшее.

Я меня крепкий здоровый сон.

Каждый день меня посещают
новые мысли.

Моя жизнь интересна и полна
приятных неожиданностей
и приключений.

Я принимаю все, что жизнь
преподносит мне в подарок.

Моя семья поддерживает меня,
а я помогаю своей семье.

В моей жизни нет преград.

Я не боюсь высказываться, к моему
мнению прислушиваются.

У меня есть время для работы над собой.

Я медитирую, гуляю, любуюсь природой,
я люблю побыть в одиночестве.

Радость и смех являются
неотъемлемой частью моей жизни.
Я помогаю своей планете.
Я вношу в жизнь гармонию.
Пожилые годы —
лучшие годы моей жизни.

ЛЕЧЕБНАЯ МЕДИТАЦИЯ

Я радуюсь каждому году своей
жизни. Мои знания все увеличиваются,
я нахожусь в постоянном контакте
со своей внутренней мудростью.

Я нахожусь под защитой своих
ангелов-хранителей.
Я знаю, как хочу жить.

Я знаю, как оставаться
молодой и здоровой.

Мое тело омолаживается.

До своего последнего дня я бодра,
энергична, активна, весела, счастлива.

Я радуюсь своему возрасту.

Окружающие относятся ко мне так,
как я этого хочу.

Я процветаю.

Я знаю, как добиться успеха во всем.

Пожилые годы — лучшие годы моей жизни.

В обмен на жизненную энергию
я делюсь своей любовью, радостью,
своим спокойствием и бесконечной мудростью.

И так оно и есть!

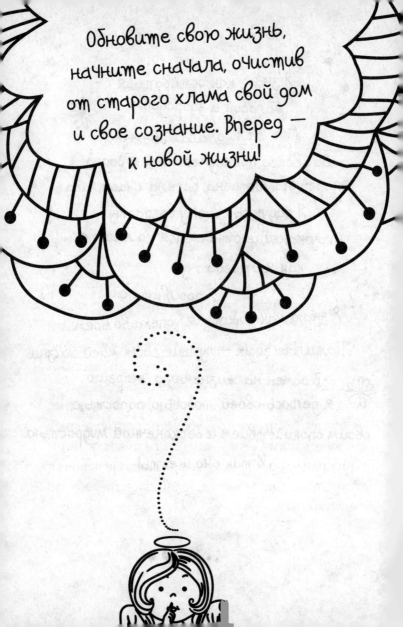

Глава 10

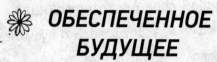 **ОБЕСПЕЧЕННОЕ БУДУЩЕЕ**

Всю жизнь женщин опекают мужчины. Нам часто повторяют, чтобы мы «не забивали свои маленькие симпатичные головки мыслями о деньгах». Об этом позаботится мужчина, будь то отец или муж. Поэтому мы так боимся остаться одни — боимся развода, боимся овдоветь. Но наши «маленькие симпатичные головки» способны успешно справляться с денежными вопросами и разрешать материальные проблемы. Не зря в школе девочки почти всегда лучше мальчиков успевают по математике.

> *Создавая свое благосостояние, вы тем самым заботитесь о будущем, а это — проявление любви по отношению к самой себе.*

Сегодня женщинам пора знать больше о банковских системах, о денежных операциях и об инвестициях. Нам это вполне по силам. Каждая женщина сегодня должна и может быть материально независимой, но нас редко учат, как правильно обращаться с деньгами. Такой предмет не входит в школьную программу. Традиционно считается, что мужчина должен заботиться о деньгах, а женщина—приглядывать за детьми и заниматься домом. Однако многие женщины гораздо лучше мужчин справляются с заботами о материальном благополучии. Мужчинам же иной раз лучше удается работа по дому. «Финансы не женское дело», —подобными, типично мужскими заявлениями наше поведение пытаются контролировать.

Многие женщины боятся уже одного понятия «финансы» только потому, что оно обозначает новый, незнакомый аспект жизни. Я считаю, что нам пора отказаться от традиционных взглядов на женский ум и способности. Нам только кажется, что мы ни к чему не пригодны, на самом же деле мы умны, сообразительны и способны учиться. Мы можем ходить на курсы, слушать аудиокассеты, читать книги, создавать исследовательские группы. Получив достаточно информации о деньгах и мире финансов, мы перестанем бояться этой сферы общественной жизни.

Все женщины должны разбираться в деньгах, финансах, инвестициях. Даже если вы счастливы в браке, удовлетворены своей ролью домашней хозяйки, обожаете возиться с детьми и заниматься по дому, вам все равно необходимо быть в курсе материальных вопросов. Что, если ваш муж, не дай бог, умрет или уйдет от вас, оставив с детьми на руках? Вам самой придется позаботиться о себе. Не ждите, пока попадете в неприятности, учитесь сейчас. Знания—сила. Если вы будете во всеоружии, это придаст вам уверенности в любой ситуации.

Начав копить деньги, откладывая небольшие суммы, мы создаем свое благосостояние. Приятно видеть, как наши сбережения увеличиваются день за днем. От простого накопления можно перейти к вложениям. Ваши деньги станут работать на вас, тогда как раньше вы работали на них. Вот уже некоторое время я повторяю аффирмацию «Мой доход постоянно увеличивается, я выигрываю во всем». Для меня это стало персональным законом, как может стать и для вас. Это поможет вам изменить отношение к деньгам. Я знаю это по собственному опыту, потому что когда-то была бедной как церковная мышь. За всю мою жизнь у меня не было ни копейки за душой, я никогда не думала, что смогу скопить денег.

Я боялась, что никогда не выберусь из нищеты. Но потом мое отношение к деньгам изменилось, и теперь я считаю себя материально обеспеченной женщиной. Я стала по-другому смотреть на мир, на саму себя. Постепенно изменилось мое сознание, и вместе с тем значительно улучшилась моя жизнь.

Я росла в период депрессии. Денег моя семья не видела практически никогда. Горячей воды не было, а готовили мы в печурке, для которой приходилось собирать хворост. Холодильник был неслыханной роскошью. Правительство проводило кампанию по поддержке малоимущих, и мой отец получил работу. Тех денег, что он зарабатывал, едва хватало на то, чтобы сводить концы с концами. Помню, как была счастлива, когда смогла устроиться в дешевый магазинчик. В то время мое сознание начало меняться. Я работала в магазине и еще подрабатывала в ресторанчике. Я не гнушалась грязной работы, так как считала, что не заслуживаю другого. Понадобилось много времени, прежде чем я смогла избавиться от негативных убеждений. Я поняла, что существует множество других возможностей для людей с просветленным мышлением, с новым, свежим взглядом на жизнь. Вселенная предлагает нам все самое лучшее, просто мы *сами* порой боимся принять ее дары. А ведь нам стоит лишь протянуть руку, чтобы взять их. До тех пор пока мы не усвоим, что *способны* добиться успеха, *заслуживаем* его, мы будем прозябать в нищете. Лишь когда наше сознание изменится, мы позволим себе принять дары Вселенной.

Женщины привыкли говорить: «Я хочу денег», «Мне нужны деньги». Но мы и палец о палец не ударим для того, чтобы воплотить эти слова в жизнь, наоборот, делаем все, чтобы этого не случилось. Очень сложно изменить сознание именно тогда, когда это касается денежного вопроса. Людей всегда злит, если их пытаются в чем-то разуверить, тем более когда

> Знания — сила.
> Если вы будете во всеоружии,
> это придаст вам уверенности
> в любой ситуации.

пытаются разрушить их представление о благополучии. Женщины, нуждающиеся в деньгах, как правило, мысленно зациклены на бедности. Они приходят в ярость, если их убеждения ставятся под сомнение. Мы можем избавиться от барьеров в своем сознании, но чем больше для этого приходится менять, тем тяжелее нам отказаться от старых убеждений. Мы становимся боязливыми и подозрительными.

Составьте список своих убеждений: «Мои мысли насчет денег». Записывайте все, что приходит на ум, припомните все, что слышали в детстве касательно денег, работы, благосостояния. Поразмыслите о своем отношении к деньгам. Вы их ненавидите? Относитесь к ним с презрением? Случается, что вы сминаете бумажные деньги? Радуетесь ли вы своему счету? Не приходило ли вам в голову поблагодарить телефонную компанию за оказанные услуги и за то, что вам предоставлено право оплатить их? Вы благодарны жизни, когда получаете деньги, или всегда жалуетесь, что их слишком мало? Задумайтесь о своем отношении к деньгам! Возможно, вы удивитесь своим подсознательным убеждениям.

Когда я стала зарабатывать, то денег хватало не только на еду—еще оставалась небольшая сумма. И я испытывала… жгучий стыд! Да, мне было стыдно. Я старалась избавиться от этих «лишних» денег, тратила по пустякам, лишь бы только вернуться к своему обычному состоянию безденежья. Копить мне даже в голову не приходило, настолько это шло вразрез с моими представлениями о благосостоянии. На подсознательном уровне я пыталась отделаться от этой экстрасуммы. Долгое время потребовалось, пока я, наконец, осознала, что могу зарабатывать деньги, тратить их в свое удовольствие и немного откладывать на будущее.

Женщины должны понять, что в нашей жизни ничего не изменится до тех пор, пока мы не произведем надлежащих перемен в своем сознании. Когда мы начнем мыслить по-другому, то по праву будем получать от жизни все самое лучшее. Позитивные аффирмации—это вклады, которые мы вносим на свой счет в банк Вселенной. Процентами по этому вкладу являются наше процветание и благосостояние. Не чувствуйте себя виноватыми, наполняя свою жизнь позитивной энергией. Вы заслуживаете всего наилучшего! Вы заработали благополучие, и вам не придется расплачиваться за него. Вы собственным трудом добились успеха.

Когда увеличиваются ваши доходы, когда вы находите себе хорошо оплачиваемую работу, когда у вас появляются деньги, знайте, вы уже

> Когда мы начнем мыслить
> по-другому, то по праву будем
> получать от жизни все
> самое лучшее.

заслужили все это правильным мышлением. Радуйтесь наступившим в вашей жизни переменам. Используйте аффирмацию «Я заслуживаю всего наилучшего. Я добиваюсь всего, чего хочу. Это моя собственная заслуга». Но не забывайте о благодарности, скажите «спасибо» жизни. Как я уже говорила, Вселенная не забывает нашей признательности.

Не ломайте понапрасну голову над вопросом, почему вы процветаете, когда другие женщины прозябают в нищете. В нашу жизнь может воплотиться только то, к чему мы подготовили свое сознание. Все мы можем внести в свою судьбу позитивные изменения, если откроем свой разум для новых идей. Если ваш дух дремлет, то в ваших силах его разбудить. Всегда есть возможности осуществить задуманное, наше дело — не упустить свой шанс. Учитель сможет передать свои знания, только когда ученик будет готов принять их—ни раньше, ни позже.

Я верю, что постепенно, шаг за шагом, мы можем прийти к намеченной цели. Постоянно повторяйте Вселенной: «Я этого стою, я заслуживаю этого, я готова это принять». Я считаю, что Вселенная дарит нам около 10–20 процентов всех наших доходов. Откладывайте эти деньги. Они не предназначены для повседневных нужд. Копите эти деньги — их можно потратить только на серьезную вещь, такую, например, как покупка дома или открытие собственного дела. Знайте, что эти средства нельзя тратить по пустякам. Пускай с небольшой суммы, главное — начать откладывать на будущее. Не бросайте деньги на ветер, и сами увидите, как быстро начнут увеличиваться ваши доходы. Создавая свое благосостояние, вы тем самым заботитесь о будущем, а это—проявление любви по отношению к самой себе.

В церквах мы не жалеем нескольких монет, делая небольшие пожертвования во славу Божию. Но мы сами—частица Господа, частица Вселенной. Жертвуйте самим себе, как жертвуете своему Творцу. Начинайте откладывать понемногу уже сейчас, не дожидаясь увеличения доходов. Нужно укрепиться и не трогать эти 10–20 процентов. Поймите, что эти деньги—неприкосновенный запас, и вы научитесь укладываться в оставшиеся 80 процентов. Вот увидите, как улучшится ваша жизнь, если вы научитесь экономить. Ваш небольшой резерв средств станет своего рода «притягивающим» деньги магнитом.

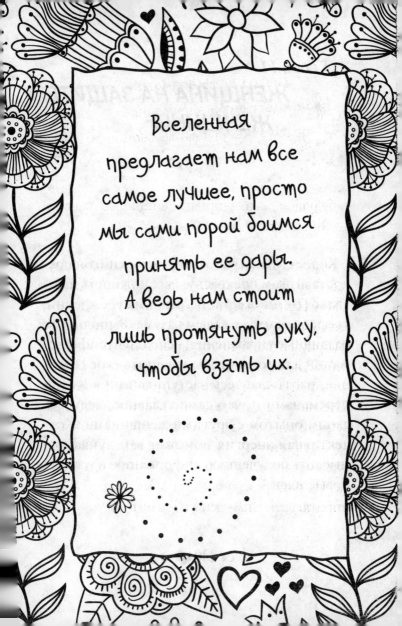

Вселенная предлагает нам все самое лучшее, просто мы сами порой боимся принять ее дары. А ведь нам стоит лишь протянуть руку, чтобы взять их.

Глава 11

 ЖЕНЩИНА НА ЗАЩИТЕ ЖЕНЩИНЫ

Коллективная работа над этой книгой предоставит вам прекрасную возможность избавиться от множества негативных убеждений, укоренившихся в вашем разуме. Выполняйте различные упражнения, используйте аффирмации для того, чтобы изменить свое сознание, наслаждайтесь наступившими в жизни переменами и, что самое главное, делитесь своим опытом с другими женщинами. Коллективная энергия поможет вам лучше осмыслить полученную информацию и усвоить новые идеи.

Вы не обязательно должны быть идеалом, чтобы подавать пример другим женщинам, однако вам *необходимо* использовать новые идеи и принципы в своей жизни, стремиться разделить их с другими женщинами. С открытым сердцем вы должны уметь выслушивать окружающих. Коллективная работа развивает как лидера группы, так и остальных ее членов. Сознание того, что ваши подопечные учатся и развиваются, принесет вам как лидеру чувство радости и гордости. В группе лечебные и другие процессы пройдут быстрее и легче. Помните о том, что нашей главной задачей на планете является с любовью относиться к себе и окружающим.

Работа над книгой может проходить в спокойной домашней обстановке, когда несколько подруг просто собираются вместе хотя бы раз в неделю. Темами обсуждения могут стать главы этой книги. Необязательно следовать оглавлению—обсуждайте прочитанное в любом порядке. Для совместной работы вы можете использовать также и другие мои книги.

Работа в группе не означает, что вы собираетесь вместе для того, чтобы жаловаться друг другу на свою жизнь. Наоборот, пусть группа станет для вас ступенью к прогрессу. Не обсуждайте то плохое, что произошло в вашей жизни, и не пытайтесь выяснить, кому пришлось еще хуже, —это не поможет вам. Коллектив должен стать поддержкой для позитивных изменений, как шест для виноградной лозы.

ОБЩИЕ РЕКОМЕНДАЦИИ

Одной из самых главных ваших задач является ВЫЯВИТЬ свои убеждения, понять, ВО ЧТО вы на самом деле верите. Это снимет шоры с ваших глаз. Возьмите несколько листов бумаги и озаглавьте каждый «Мои убеждения насчет…»:

- мужчины;
- женщины;
- себя самой;
- различных отношений;
- моих обязанностей;
- замужества;
- семьи;
- детей;
- работы;
- денег;
- благополучия;
- денежных вложений;
- здоровья;
- старения;
- смерти.

> *Коллективная энергия поможет вам лучше осмыслить полученную информацию и усвоить новые идеи.*

Эти списки помогут вам выявить подсознательные законы вашей жизни. До тех пор пока
мы не признаем существование в нашем сознании негативных убеждений и не выявим их,
жизнь не изменится к лучшему.

По мере заполнения дополняйте ваши
списки и перечитывайте их. Пометьте звез-
дочкой каждое позитивное утверждение —
оно станет для вас поддержкой. Все положительные мысли вам надо будет сохранить
и развить.

Галочкой пометьте все негативные, разруши-
тельные убеждения, стоящие на вашем пути
к самосовершенствованию. Эти отрицательные мысли, препятствующие вашему разви-
тию, необходимо искоренить и перепрограм-
мировать в своем сознании.

Добавьте что-нибудь свое к списку, помимо предложенного мной. Одну тему
можно отрабатывать целую неделю, давая

возможность высказаться каждой участнице обсуждения.

Вот несколько рекомендаций для тех, кто хочет создать рабочую группу:

1. Выберите спокойное место, располагающую к откровенным разговорам обстановку. Необходимо добиться честности. Пообещайте друг другу, что все услышанное останется при вас. Не бойтесь делиться самым сокровенным. Группа должна стать местом, где сбрасываются все маски. Все мы люди, и никто из нас не совершенен. Вы собираетесь вместе для того, чтобы сделать свою жизнь лучше, научиться чему-то новому друг у друга. Местом встреч может стать ваша гостиная, конференц-зал или церковь.

2. Научитесь принимать и понимать своих подруг, не осуждайте их. Не пытайтесь учить друг друга жизни. Вместе найдите способ изменить свои мысли. Высказывайте свои

предложения по поводу той или иной проблемы. Почувствовав осуждение, люди сразу же замыкаются в себе, прячутся в защитный панцирь молчания.

3. Перед каждой встречей вам необходимо сконцентрироваться. Используйте аффирмации: «Мой дух направляет мои мысли, слова и поступки во время обсуждения», «Как лидер группы, я доверяю своей внутренней мудрости». Если во время обсуждения произойдет какой-то неприятный инцидент, сделайте глубокий вдох и повторите про себя позитивную аффирмацию.

4. Перед тем как начинать занятия в группе, предложите ее членам соблюдать следующие правила:

а) не опаздывайте;

б) посещайте каждую встречу, так как очень важна непрерывность позитивных процессов;

в) слушайте внимательно, уважайте друг друга;

г) не перебивайте говорящего;

д) пообещайте друг другу, что все услышанное останется при вас. Очень важно, чтобы все чувствовали себя раскованно и не стеснялись делиться сокровенным;

е) говорите по существу;

ж) говорите «Я почувствовала…», а не «Они заставили меня почувствовать…»;

з) цените время, предоставьте каждому возможность высказаться.

5. Очень важно, чтобы у каждого участника обсуждения было время выговориться. Если в группе слишком много людей, пускай они разобьются на группки поменьше — пять-шесть человек смогут поделиться друг с другом своими мыслями, чувствами и идеями.

6. В вашей группе наверняка найдется чересчур разговорчивая женщина, не желающая выслушивать других. Это тревожный симптом.

> Помните о том, что нашей главной задачей на планете является с любовью относиться к себе и окружающим.

Людьми, старающимися захватить лидерство, как правило, движет их собственный страх. Они считают себя в чем-то ущемленными, таким людям кажется, что им уделяют недостаточно внимания. Лучшим решением проблемы будет поговорить с такой женщиной наедине после занятий.

Обратитесь к ней со словами: «Я очень рада, что вы многим хотите поделиться с группой, но меня волнуют другие участники обсуждения, которые пока еще не так открыты и не так свободны в общении, как вы. Они могут почувствовать себя лишними. В следующий раз не забывайте, пожалуйста, об остальных. Пусть сначала выскажутся они, хорошо? Спасибо». Было бы совсем неплохо, если бы вы нашли для этой женщины какое-нибудь подходящее занятие, попросили бы ее в чем-либо вам помочь.

7. Практическая работа — самый сложный и самый важный метод обучения. На каждом занятии уделяйте время упражнениям с зеркалом, медитации со своим внутренним ребенком, упражнениям по образцу «Я должна…» и другим видам практической работы.

8. Будьте гибки. Будьте готовы менять свои планы: работая в группе, вы не всегда сможете успеть все то, что задумали. Так как всем руководит божественное провидение, научитесь доверять ему и плыть по течению!

9. Постоянно следите за собой и своими реакциями. Если вы вдруг почувствуете беспричинное беспокойство, сделайте несколько

глубоких вздохов, расслабьтесь, произнесите про себя позитивную аффирмацию.

10. Не спорьте с тем, кто упрямо не хочет расставаться со своими заблуждениями. Не позволяйте себе впадать в депрессию, переживая за других. Как лидер группы, вы должны научиться в любых обстоятельствах рассуждать трезво и действовать разумно. Знайте, что исцелиться может каждый, независимо от внешних обстоятельств. Правда заключается в том, что наш дух сильнее болезней, финансовых провалов и неудач в личных отношениях и может преодолеть все препятствия!

11. Развивайте чувство юмора! Смех поможет вам найти новое, свежее решение проблемы. Он оказывает очищающее действие на наши души.

12. Готовьтесь к тому, что на встречах будут выплескиваться сильные эмоции. Это неминуемо,

Знайте, что исцелиться может каждый, независимо от внешних обстоятельств.

когда речь идет о самом сокровенном. Очень важно, чтобы вы могли управлять гневом, яростью, отчаянием, скорбью; умели помочь высвободить отрицательные эмоции. Вы можете неожиданно обнаружить, что боитесь проявления чужих чувств. В таком случае я советовала бы вам обратиться к надежному психотерапевту и выяснить причины вашего страха.

13. После каждой встречи подойдите к зеркалу и скажите сами себе, что все шло как по маслу. Это необходимо, особенно если вам никогда раньше не приходилось руководить учебной группой.

14. Начинайте и заканчивайте каждую встречу группы с концентрирующей медитации.

Она может быть совсем несложной — просто закройте глаза и сделайте глубокий вдох. Помолчите несколько мгновений. Пусть все возьмутся за руки. Почувствуйте энергию, исходящую от руки соседки. Напомните собравшимся, что надежды и стремления коллектива совпадают с мечтами каждого члена группы. Каждая из женщин стремится к здоровью, благополучию. Все ждут любви и стараются реализовать свой творческий потенциал. После напомните присутствующим, что во время занятия все, в том числе и вы сами, усвоили новые позитивные идеи, которые помогут улучшить нашу жизнь. Все хорошо, и мы все в безопасности.

15. Каждая группа индивидуальна, поэтому занятия могут проходить по-разному. Настраивайтесь на энергию группы и настроение каждой встречи.

16. Для занятий вам понадобятся:

а) магнитофон и записи с медитациями и легкой успокаивающей музыкой;

б) маленькое карманное зеркало (а также желательно зеркало в полный рост);

в) бумага и ручки;

г) коробки с тряпьем;

д) свечи или ароматические палочки (на выбор) для создания интимной обстановки.

17. Попросите всех членов группы приносить на занятия блокнот и карманное зеркальце. На занятия можно взять с собой подушку под спину и мягкую игрушку (так будет легче расслабиться во время медитации).

Коллектив должен стать поддержкой для позитивных изменений, как шест для виноградной лозы.

❀ ЗАКЛЮЧЕНИЕ

Нам порой кажется, что жизнь полна проблем. Однако все проблемы можно отнести к четырем основным аспектам. Это любовь, здоровье, благополучие и самовыражение. Несмотря на кажущееся обилие неприятностей, мы можем избавиться от них, улучшив основные четыре аспекта своей жизни, главным из которых является любовь. Если мы любим себя, то нам легко дарить любовь окружающим и принимать ответные чувства. Это, в свою очередь, улучшит наши отношения с людьми и условия работы. Любовь к себе—ключ к здоровью. Любовь к жизни—энергетический канал, связывающий нас со Вселенной. Любовь к себе, к окружающим, к жизни—способ самовыражения.

ВСЕ МЫ — ПЕРВОПРОХОДЦЫ

Я считаю, что всем женщинам сегодня досталась нелегкая доля первопроходцев. Женщинам-первопроходцам когда-то приходилось рисковать на каждом шагу, прокладывая путь для тех, кто пойдет вслед за ними. Они не страшились одиночества, вели жизнь, полную опасностей и тревог. Они сами строили жилье и добывали пищу. Они во всем полагались только на себя, потому что их мужчины

> Все проблемы можно отнести к четырем основным аспектам: любовь, здоровье, благополучие и самовыражение.

редко бывали дома. Женщины сами заботились о себе и о своих детях. Они осваивали новые земли и разрабатывали их природные ресурсы. Мужчинам в одиночку никогда бы не удалось сделать нашу страну такой, какая она есть сейчас, — если бы не поддержка и помощь их отважных спутниц.

Сегодня нам с вами быть первопроходцами. Перед нами открылись невероятные возможности. В наших силах изменить мир, достичь равенства между полами. Мы можем занять достойное женщин положение в обществе. Жизнь неспроста подводит нас к новым рубежам. Сегодня мы свободны и независимы в своем выборе. Используя возможности, которые предоставляет нам жизнь, мы сможем изменить наш мир. Мы узнаем о жизни все больше нового, двигаясь к неоткрытым берегам будущего. Сколько невиданного, небывалого ждет нас там? Берите свой компас и вперед! Нам еще многому предстоит научиться, многое предстоит узнать. Мы станем прокладывать дорогу и составлять карты этих неизведанных берегов.

На вашем жизненном пути только две заданные точки—рождение и смерть. Дорогу, по которой идти, выбираем мы сами. Наши возможности безграничны. Чтобы стать такими, какими мы действительно являемся: умными, смелыми, прекрасными людьми, —мы должны реализовать все свои возможности. Многих из нас воспитали беспомощными, неспособными позаботиться о себе. Но это не так. МЫ МОЖЕМ ВСЕ. Скажите себе: «Что бы ни случилось, я знаю, что делать, как исправить ситуацию».

Сегодня мы, женщины, как никогда сильны. Все в наших руках. Настало время изменить жизнь, судьбу, будущее всех женщин. То новое, что мы внесем в мир, распространится в пространстве и во времени. У Вселенной множество возможностей, о которых мы даже не подозреваем, но они будут открыты нам, когда придет пора. Возможно все и всегда—пришла пора доказать это.

Женщины должны объединяться, поддерживать друг друга. Это принесет только пользу и женщинам, и мужчинам. Мы, женщины, —счастливые, довольные собой и своей жизнью—станем великолепными партнерами мужчинам на работе и на досуге. А мужчинам… мужчинам будет куда приятнее общаться с нами на равных.

Объединяйтесь, предлагайте друг другу помощь и поддержку на пути к самосовершенствованию. Пора прекратить бессмысленную борьбу с мужчинами или за мужчин. У нас, женщин, другое предназначение. Мы должны обрести силу и передать ее нашим дочерям и дочерям их дочерей. Женщинам никогда больше не придется пройти через все те унижения и оскорбления, от которых страдали наши матери и с которыми порой приходится еще сталкиваться нам самим. Завоюем независимость, свободу и уважение для всех женщин, пойдем, взявшись за руки, к неоткрытым берегам будущего!

Любите себя, любите жизнь!

EMPOWERING WOMEN
By Louise L. Hay
Copyright © 1997 by Louise Hay
Original English language publication 1997 by Hay House, Inc. in California,
USA.Tune into Hay House broadcasting at: www.hayhouseradio.com

Хей, Луиза.

Х35   Мудрость женщины / Луиза Хей. — Москва : Эксмо, 2020. —
240 с. — (Луиза Хей. Бестселлеры).

Луиза Хей — один из основателей движения самопомощи, автор более 30 книг по-
пулярной психологии. Самой Луизе довелось пережить многое: унижение и бедность, тя-
желую болезнь и боль, но, проанализировав проблемы, она научилась помогать самой себе
и другим людям, и особенная ее забота — помочь женщинам полюбить себя такими, какие
они есть, занять достойное место в жизни и получать от Вселенной все блага, которыми
мироздание щедро делится со всеми.

В книге «Мудрость женщины» Луиза Хей рассказывает о том, как усовершенство-
вать свою жизнь во всех ее проявлениях: самоуважение и любовь, отношения с родителями
и детьми, богатство и карьера… Одиннадцать глав, заканчивающихся позитивными исце-
ляющими аффирмациями, — одиннадцать советов, которые уже помогли миллионам женщин во всем мире изменить свою жизнь к лучшему только лишь с помощью силы мысли!

УДК 159.9
ББК 88.5

ISBN 978-5-699-86257-3

Издание для досуга

ЛУИЗА ХЕЙ. БЕСТСЕЛЛЕРЫ

Хей Луиза

МУДРОСТЬ ЖЕНЩИНЫ

Ответственный редактор А. Мясникова. Редактор Л. Гречаник
Художественный редактор В. Терещенко. Дизайн М. Дудина
Верстка Е. Кочкурова. Корректор Л. Юсупова

В коллаже на обложке использованы иллюстрации: Plateresca, ty4ina / Shutterstock.com
Используется по лицензии от Shutterstock.com

16+

ООО «Издательство «Эксмо».
123308, Москва, ул. Зорге, д. 1. Тел.: 8 (495) 411-68-86.
Ноmе page: www.eksmo.ru E-mail: info@eksmo.ru
Өндіруші: «ЭКСМО-АКБ Басласы, 123308, Мәскеу, Ресей, Зорге көшесі, 1 үй.
Ноmе page: www.eksmo.ru E-mail: info@eksmo.ru
Тауар белгісі: «Эксмо»
Интернет-магазин : www.book24.ru
Интернет-магазин : www.book24.kz
Интернет-дукен : www.book24.kz
Импортёр в Республику Казахстан ТОО «РДЦ-Алматы».
Қазақстан Республикасындағы импортаушы «РДЦ-Алматы» ЖШС.
Дистрибьютор и представитель по приему претензий на продукцию,
в Республике Казахстан: ТОО «РДЦ-Алматы»
Қазақстан Республикасында дистрибьютор және өнім бойынша арыз-талаптарды
қабылдаушының өкілі «РДЦ-Алматы» ЖШС,
Алматы к., Домбровский көш., 3«а», литер Б, офис 1.
Тел.: 8 (727) 251-59-90/91/92. E-mail: RDC-Almaty@eksmo.kz
Өнімнің жарамдылық мерзімі шектелмеген.
Сертификация туралы ақпарат сайтта: www.eksmo.ru/certification
Сведения о подтверждении соответствия издания согласно законодательству РФ
о техническом регулировании можно получить на сайте Издательства «Эксмо»
www.eksmo.ru/certification
Өндірген мемлекет: Ресей. Сертификация қарастырылмаған

Подписано в печать 15.10.2019. Формат 70x102 $^1/_{32}$.
Печать офсетная. Усл. печ. л. 9,92.
Доп. тираж 5000 экз. Заказ 10418.

Отпечатано с готовых файлов заказчика
в АО «Первая Образцовая типография»,
филиал «УЛЬЯНОВСКИЙ ДОМ ПЕЧАТИ»
432980, Россия, г. Ульяновск, ул. Гончарова, 14